普通高等学校学前教育专业系列教材

幼儿基本体操教程

（第三版）

主　编　杨延秋
副主编　马　威　王　蕊　段美玲
编　委　刘凯建　蒋萌菲　马　威　杨延秋
段美玲　王　蕊

复旦大學出版社

内容提要

本书分为上篇理论与下篇实践两大部分。上篇理论部分阐述了关于幼儿基本体操的理论知识，包括幼儿基本体操概述、基本术语、基本内容、发展历史、意义、分类特点、教学与训练原则方法、幼儿基本体操的分类创编原则等；下篇实践部分依据幼儿基本体操的类别特点，较全面地介绍了徒手和持轻器械的二十余套幼儿基本体操，其中有训练姿态的，有训练身体素质的，有艺术性的，还有传统项目的；在附录中还提供了幼儿体操比赛的规则、常用表格以及21套健美操的示范视频。本书适合各级各类幼儿师范院校、学前高职高专以及幼儿教师参考使用。

复旦社云平台
数字化教学支持说明

为提高教学服务水平，促进课程立体化建设，复旦大学出版社建设了“复旦社云平台”，为师生提供丰富的课程配套资源，可通过“电脑端”和“手机端”查看、获取。

【电脑端】

电脑端资源包括PPT课件、电子教案、习题答案、课程大纲、音频、视频等内容。可登录“复旦社云平台”（www.fudanyun.cn）浏览、下载。

Step 1 登录网站“复旦社云平台”(www.fudanyun.cn),点击右上角“登录/注册”,使用手机号注册。

Step 2 在“搜索”栏输入相关书名，找到该书，点击进入。

Step 3 点击【配套资源】中的“下载”（首次使用需输入教师信息），即可下载。音频、视频内容可通过搜索该书【视听包】在线浏览。

【手机端】

PPT 课件、音视频、阅读材料：用微信扫描书中二维码即可浏览。

扫码浏览

【更多相关资源】

更多资源，如专家文章、活动设计案例、绘本阅读、环境创设、图书信息等，可关注“幼师宝”微信公众号，搜索、查阅。

平台技术支持热线：029-68518879。

“幼师宝”微信公众号

前言

本书是普通高等学校学前教育专业系列教材。全书共分6章，由理论篇和实践篇两部分组成。

理论篇科学、系统地介绍了幼儿基本体操的相关理论内容，具体包括幼儿基本体操概述、幼儿基本体操的基本内容、幼儿基本体操教学的原则与方法、幼儿基本体操的编排。实践篇包括11套幼儿徒手操和14套轻器械操，其中徒手操有动物模仿操、姿态操、素质操、健美操等，轻器械操包括哑铃操、铃鼓操、球操、啦啦操、圈操、花环操、沙锤操、扇子操等，内容丰富，类型全面，实用性强，且具有很好的操作性。第三版的修订是在第二版的基础上，在理论篇增加了普及性幼儿基本体操的结构和创编方法；实践篇增加了轻器械操、徒手操、健美操等共8套操，更新了礼仪操、幼儿健美操、武术操、垫上操和篮球操等5套操；修正了第一版中的错误。参加编写的教师（以姓氏笔画为序）有王蕊、马威、刘凯建、杨延秋、段美玲、蒋萌菲。书中参考和引用了一些文献资料，在教材最后附有参考文献，在此向这些作者表示谢意。同时，也向本书体操动作示范模特刘迪、刘君、田彩云、李晶、牛逸桐、张梦莹、王文青、康宝怡、陈东娟、赵晓蕊、李金歌、曾煦原、王紫帆、庞欣然、王婷婷同学表示感谢。由于编写人员水平有限，教材中若出现不妥之处，敬请读者指正。

本书可作为普通高等学校、职业教育院校的学前教育专业及幼儿师范院校的学生教材，也可以作为幼儿教师的参考用书。

上篇 理 论 篇

下篇 实 践 篇

上篇

理论篇

幼儿基本体操概述

幼儿基本体操是根据幼儿不同年龄和身心发育特点，通过各种最基本的体操练习内容和手段，提高幼儿基本活动能力及纠正不良身体姿势而创立和发展起来的一项体育与教育相结合的项目。幼儿基本体操突出的是“基本”两字，通过最基本的体操练习形式和手段，使幼儿不仅身体健康，姿势优美，动作灵活协调，而且在智力、心理、意志品质等方面都达到一个新的发展水平。所以，幼儿基本体操事业是塑造人体形态的“希望工程”，是培养运动人才的基础工程，也是“全民健身计划”不可分割的组成部分，对早期发现培养我国竞技体育后备人才及对中华民族国民体质素质的提高都具有积极的现实意义和深远的战略意义。

§1.1 幼儿基本体操的内容和分类

体操是以徒手或借助器械进行各种身体练习的一类体育项目。根据竞赛目的可分为一般性体操和竞技体操。幼儿基本体操属于一般性体操的范畴，内容有队列队形、徒手体操、轻器械体操及比赛性幼儿基本体操。其根本目的是增强幼儿体质，促进幼儿身体全面健康发展。

一、幼儿基本体操的内容

（一）队列队形

队列队形是指按照要求，多个孩子做协同一致的动作，如让小朋友立正、向前看，站成一路纵队，或者变换成其他队形等。它包括原地动作和行进间动作，有图形行进、队形交换、散开靠拢等。通过队列队形练习能使幼儿从小树立集体观念，让他们懂得在集体中只有遵守一定的纪律和统一的行动，大家才能顺利进行活动；队列队形练习还能培养幼儿正确的身体姿势，促进身体正常的发育，养成严格的组织纪律性与迅速、准确、协调一致的良好作风。

（二）徒手体操

徒手体操是幼儿手不拿任何器械所做的各种动作，或把各种动作加以形象化，便于幼儿学习。它是由身体各部位（上肢、下肢、躯干）互相配合，依照一定的程序，做出有节奏、有规律的举、振、屈、伸、转、绕环、跳跃等一系列的单个或成套的徒手动作。它不受器械和场地的限制，简单易行，经常练习可使幼儿四肢和躯干灵活，动作协调，对增强神经—肌肉调节，促进血液循环和新陈代谢，预防疾病，加强幼儿大肌肉群和身体全面发展都是行之有效的手段。

（三）轻器械体操

它是在徒手体操的基础上，通过手持体操棍、实心球、跳绳、火棒、哑铃、花环等各种轻器械进行的一种身体练习。它不仅具有同徒手体操一样的作用，而且是幼儿十分喜欢的活动之一。经常进行轻器械

练习，不仅可以促使幼儿身体正常发育，而且也是发展力量、灵敏、协调能力的有效手段。

（四）比赛性幼儿基本体操

比赛性幼儿基本体操作为一套动作练习，是在普及性、表演性幼儿基本体操的基础上，以竞赛为形式，经过组织编排之后而成的。在比赛性幼儿基本体操中，比赛是特制的，对比赛的时间、场地、音乐、难度、人数、套路动作等内容都是有严格要求的。人数要求通常是12个，年龄要求是4到6岁的幼儿，场地要求是12米见方，时间要求是3分半至4分钟，他们在音乐伴奏下完成各种12人队形队列变化、舞蹈步法、简单动作技巧和用基本体操编制而成的一整套动作练习。为了遏制对动作难度和竞技化的过度追求，中国关工委幼儿基本体操促进会对体操规则进行了多次的修改，对动作的难度进行了判别确定。在比赛的过程中，参赛队的表演可以是成套动作，也可以是根据规定由单个难度动作编制的成套动作。其中，单个成套动作，包括跑跳步、身体和手臂波浪、行进间或站立踢腿、两次连续立卧撑、足尖步、两次连续跳跃动作、单脚180度转体、两次连续仰卧起坐、平衡、桥形、劈叉等具有规定的动作。它作为一项幼儿体育项目，虽然形式简单，但是实效性很强，它具有健身性、大众性、竞技性、娱乐性和观赏性的特点，在娱乐、健心和健身等方面具有突出的价值，深得小朋友们的热爱。

二、幼儿基本体操的分类

幼儿基本体操就其运动部位而言，可分为头颈动作、上肢动作、躯干动作、下肢动作、跳跃动作等；就动作特点而言，可分为幼儿模仿操、拍手操、手指操、广播操、矫正操等；就其练习目的而言，可分为普及性幼儿基本体操（一般锻炼性幼儿基本体操）、表演性幼儿基本体操（宣传性幼儿基本体操）、比赛性幼儿基本体操；就其练习形式而言，可分为单人、双人、集体。

（一）普及性幼儿基本体操

普及性幼儿基本体操是每个幼儿都能参加锻炼的大众化体操。它主要的任务是增强体质，提高健康水平和对疾病的抵抗力和免疫力，建立正确的身体姿势，掌握基本的体操动作，塑造良好的体形体态，矫正某些生理缺陷，培养良好的品德，促进身体全面均衡地发展。

（二）提高性幼儿基本体操

提高性幼儿基本体操是根据幼儿年龄、生理、心理特点，考虑幼儿身体发育规律、接受能力及体力等因素，创编的具有优美的、独特风格的、不同速度、不同性质、不同方向的徒手小联合动作，或成套动作、技巧性动作和一些专门性练习，以提高体操动作的技术性。

（三）表演性幼儿基本体操

表演性幼儿基本体操是根据表演任务的要求和表演规程的规定而专门编排的成套动作，这类幼儿基本体操在参加人数、表演时间、动作编排、构思、选曲、队形变化等方面都有较高的要求，并且具有一定的难度。通过幼儿基本体操的表演，不仅反映出教师的业务水平、技术水平和组织能力，而且也反映了幼儿在身体素质和基本体操方面的水平。现在每年“六一”儿童节期间举行的全国性幼儿基本体操表演大会，就是以表演性幼儿基本体操为基础的。

§1.2 幼儿基本体操的任务与特点

一、幼儿基本体操的任务

《幼儿园教育指导纲要》中明确规定：“锻炼幼儿的身体，促进其正常发育，提高他们对自然环境的适应能力，增强其体质，发展幼儿的基本动作，使他们动作灵敏、协调，姿势正确，同时培养他们机智、勇敢、遵守纪律等优良品德和活泼开朗的性格。”它阐明了在幼儿中开展基本体操活动的目的和任务，指出了

开展这一活动的努力方向。

幼儿基本体操是以幼儿全面健康教育为主要任务，以培养科学的思想、感情、行为、独立生活能力及传授最基本的体育知识和技能为目的，使其在学龄前接受教育的过程中获得全面发展，为未来的学习、生活、生长发育打下良好的体质和素质基础。所以，幼儿基本体操是幼儿体育教育的主要组成部分，通过幼儿基本体操的练习应完成以下三个方面的任务。

（一）幼儿基本体操是对幼儿进行德育、美育教育的有效措施

幼儿基本体操特别注重对幼儿思想、感情和品德的培养和教育，通过集体操练和表演，能萌发幼儿的集体主义思想和荣誉感，能培养幼儿的毅力和信心。通过单个动作的多次重复练习，还可以培养幼儿的吃苦精神。

幼儿基本体操的练习对幼儿的美育教育也起着很大的作用。因为幼儿基本体操不仅动作丰富多彩，优美新颖，而且多数动作都是在音乐的伴奏下进行的，除了在体形体态方面能培养良好的气质，还能培养幼儿对音乐艺术的理解和欣赏能力。实践证明，在幼儿期进行基本体操练习，不仅可全面地促进幼儿身心的发展，培养良好规范的品德行为，而且为他们今后升入各阶段的学习和未来的工作与生活打下良好的思想基础。

（二）促进身体正常发育和均衡发展

在幼儿最初期的发育阶段，通过幼儿基本体操这种形式，利用基本体操中各种不同类型、性质、特点的动作对幼儿身体各部位进行有计划、有步骤、科学的全面练习，不但可以促进幼儿身体的均衡发展，而且在生理和心理上也可以得到健康锻炼。所以，幼儿基本体操不但是完成幼儿体育教育的有力措施，而且还为幼儿一生的学习和工作打下良好的身体基础。

（三）塑造幼儿良好的体形和体态

在幼儿成长和发育期中，通过对幼儿基本体操的学习和锻炼，特别是保持体形和身体姿态动作的持久练习，不仅可以使他们举止大方，柔中有刚，刚健有力，而且还可以使他们坐有坐相、站有站姿，能给人以形态健美、仪表端正、气质高雅的印象。

幼儿基本体操除能塑造人体美外，还能矫正身体发育上的畸形，如“X”形或“O”形腿、鸡胸、脊柱侧弯、驼背、肥胖等，都可以通过基本体操的锻炼得到矫正和改善。

（四）传授最基本的身体锻炼知识

幼儿基本体操中的动作是人体最基本活动能力的体现。幼儿的各种动作都是由自然成长和教育而逐渐形成和发展的，在日常学习和锻炼过程中，不断地纠正幼儿的错误动作，使其逐渐形成正确的姿态和动作技能，在学习动作的同时也发展了身体素质。两者相结合，就可以提高幼儿的基本活动能力。

幼儿在进行基本体操锻炼的同时，也接受了一系列最基本的身体锻炼方法和科学知识，使幼儿从小就认识人体各部位，获得正确的运动感和方位感。所以，幼儿基本体操是传授身体锻炼知识的有效途径之一。

二、幼儿基本体操的特点

（一）内容丰富，形式多样

根据幼儿不同的年龄阶段、性别、身体条件和身体素质水平，按照不同的要求及场地设备条件，幼儿基本体操可因人因地制宜，选择不同的内容与动作，以达到促进健康、增强体质的目的，使身体素质和身体机能发展到一个新水平。

（二）基础性强

基本动作是人类最基本的活动能力，幼儿体育教育最初是从爬、走、跑、跳、做操开始的。在遵循幼儿身心发展特点的情况下，应特别强调以适合幼儿接受和掌握能力的基本功、徒手体操为主要启蒙训练内容，通过发展幼儿的基本姿态、基本技术，使幼儿基本体操活动达到一个新的发展水平。

(三) 有一定的艺术性

在幼儿基本体操的表演和练习中，对单个动作和成套动作不但要求动作准确协调、幅度大、姿势优美，而且要在音乐的伴奏下，动作自然、和谐、优雅，还要求动作和音乐达到完美结合，给人以力与美的享受。音乐具有独特的感染力，幼儿不但可以从中陶冶美的情操，受到审美的初级教育，同时也可以充分体现出幼儿基本体操的艺术魅力。

(四) 表演整体化，动作规范化

一般性幼儿基本体操要求幼儿经过锻炼增强体质，而表演性幼儿基本体操则要强调表演整体化和动作规范化，因为它首先是集体表演项目。多名幼儿组成统一的整体，通过艺术的表现和基本体操相结合，形成整体的表演风格，它要求幼儿整体意识强，个人服从集体。另外，还要求动作规范化。因为在一套表演性幼儿基本体操中，包含多个规定动作，每个动作都有它的技术规格和动作质量要求。如果出现技术和姿态错误，就要按规则条文的规定扣分。可以说，动作规范化是高质量、高标准完成动作的基础。

§ 1.3 幼儿基本体操的发展概况

幼儿基本体操是20世纪70年代后期发展起来的一项运动，它随着我国学前教育事业的步伐不断向前发展。由于我国竞技体操发展的迫切需要，在70年代后期，陕西、四川、湖南、广西等省区的体操工作者先后办起了不同范围和规模的幼儿基本体操教师学习班、幼儿体操班等，北京也曾连续若干年组织过幼儿基本体操的表演和比赛。但是，由于动作难度的增加和过分追求竞技体操的趋势，这类活动已不适合幼儿的身心发展，因而逐渐失去了群众性而终止。

直到1989年之后，北京的一批老体操工作者在总结各地经验和教训的基础上，办起了幼儿基本体操教师学习班，深入幼儿园开展这项活动，从中摸索经验，并于1990年"六一"儿童节成功举办了北京市幼儿基本体操比赛。

在北京市幼儿基本体操比赛之后，他们及时总结经验，并提出了举办全国幼儿基本体操表演大会的设想，这一想法得到了全国体操界的热烈响应。"走向2000年全国幼儿基本体操表演大会"于1991年"六一"儿童节期间在北京隆重开幕。1995年的大会被列为迎接第四次世界妇女大会的宣传动员内容。1991年后，在中国体操协会和中国关心下一代工作委员会基本体操促进会的组织下，先后参加全国幼儿基本体操表演的有黑龙江(哈尔滨)、吉林(图们)、辽宁、内蒙古、山东、河南、浙江、湖南、四川、贵州、云南、广西等15个省市和自治区，以及北京市、上海市和行业系统幼儿园，每年参加的队和参加人数不断增加。到目前为止，已经举办了20届全国性的幼儿基本体操大会，共计2万多名小朋友参加大会表演。每年大会的表演，不但推动了全国幼儿基本体操的发展，同时也促进了幼儿教育事业的发展，使幼儿教育在贯彻"体"的教育方面，获得了比较科学而完善的内容。

随着此项活动的深入发展，它越来越得到各方面的理解和支持，并于1995年7月组建了"中国幼儿基本体操代表团"远赴柏林参加第十届"世界大众体操节"，幼儿基本体操走向世界，并获得了轰动效应。目前，许多幼儿园已经将幼儿基本体操纳入正规的教学和业余活动内容，这对促进幼儿身体的发育不仅有特殊的意义和价值，而且具有无限的生命力。

幼儿基本体操的基本内容

各类徒手基本动作所组成的身体练习是最基本的练习，其内容包括各种走、跑、跳、波浪、平衡及地上小技巧动作等。它对发展幼儿的柔韧、协调和灵巧等身体素质，对培养幼儿正确的身体姿态、协调性、节奏感以及表现力都有积极的作用。

§2.1 幼儿基本体操的技术要素及其运用

为更好地编排和完成幼儿基本体操动作，合理安排活动量，以便达到增强幼儿体质的最佳效果，必须考虑下列七个因素。

一、身体姿势

身体姿势是指幼儿做动作时身体的外部表现。它包括开始姿势、动作过程中的姿势和结束姿势。做任何一个动作都有一定的姿势，而姿势的改变和正确与否，都直接影响幼儿动作的难易程度和锻炼效果。例如，做体前屈动作时两臂侧举、叉腰或上举的不同姿势，就会给幼儿背部肌肉以不同的负担。另外，如果两腿伸直或弯曲，其难易程度和锻炼效果也不相同，前者姿势正确，难度较大，能达到拉长大腿后部肌肉、韧带的作用，而后者容易完成，但达不到增强幼儿身体素质的效果。

根据身体姿势的变化，可创编出各种形式的幼儿基本体操动作，改变幼儿基本体操动作的难易程度、调节活动量，并能集中幼儿的注意力，提高学习兴趣。

二、动作方向

动作方向是指动作经过一定的路线后所指向的目标(空间位置)。动作方向根据练习者所做的动作与身体的相互联系所确定，可分为前、后、左、右、上、下六个基本方向。此外，还经常运用向内、向外或斜方向(指介于两个基本方向的中间方向)来说明动作方向。

由于动作的方向不同，对幼儿身体各部位的影响也不同。为了全面均衡地或有针对性地影响幼儿身体，选择动作时要考虑到各个方向或某一特定方向，这样可以做到全面提高幼儿身体素质和有选择地锻炼某一部位的有机结合。

三、动作的幅度

动作幅度是指做动作时，身体或身体某部分位移距离的大小。幅度的大小，直接影响身体负荷量的大小。例如：屈臂扩胸和直臂扩胸，后者比前者幅度大，活动量也大，对幼儿身体的影响也就大。因此选择不同幅度的动作，是调节活动量的方法之一。

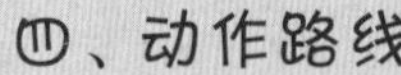

四、动作路线

动作路线是指做动作时,身体或身体某部分运动的轨迹。动作路线分为直线运动和曲线运动。在做直线运动时,需指明动作的起止点;做曲线运动,则应把动作所经过的中间路线加以说明。例如:两臂经前向上至侧举。

采用多种不同的动作路线,可以有效地培养幼儿身体的协调性。

五、动作频率

动作频率是指在单位时间内重复动作的次数。例如:两臂绕环,两拍绕一次和绕两次,后者比前者的频率快一倍。在单位时间内重复的次数不同,幼儿身体肌肉接受的刺激也不相同。因此,在幼儿基本体操中,可以改变动作的频率来增大或减小幼儿身体做功的强度。

六、动作速度

动作速度是指在单位时间内身体或身体某部分位移的距离。例如:在一秒钟的时间内做两臂上举比两臂前举的距离要长,速度就快。速度越快,幼儿身体肌肉做功的负荷量就越大。因此,动作速度的改变,将直接影响幼儿身体肌肉的负荷量。

七、动作节奏

动作节奏是指做动作时,肌肉用力和放松动作均匀而有节奏的交替。

动作节奏的强和弱,用力和放松的交替,不仅可以提高动作的协调性和韵律感,还有利于掌握动作和提高身体的做功效率。否则,如失去动作节奏,则会导致呼吸紊乱,动作失调,影响幼儿身体锻炼效果。

上述幼儿基本体操的七个技术因素密切相关,并共存于动作之中。

§2.2 基本动作分类

幼儿基本体操就其运动部位可分为头颈动作、上肢动作、躯干动作、下肢动作、跳跃动作等,就动作特点可分为幼儿模仿操、拍手操、手指操、广播操、矫正操等,就其练习目的可分为普及性幼儿基本体操(一般锻炼性幼儿基本体操)、表演性幼儿基本体操(宣传性幼儿基本体操)、比赛性幼儿基本体操,就其练习形式可分为单人、双人、集体。但无论哪种幼儿基本体操,其动作的形式、部位和方向都有共性的规律。

幼儿基本体操动作分类见表2-2-1。

表2-2-1 幼儿基本体操动作的分类

运动部位	动作类别	动作的形式和方向
头颈动作	屈	前屈(低头)、后屈(抬头)、侧屈(左、右屈)
	转	向左、向右
	绕环	向左、向右
上肢运动	臂向各个方向举	前举、上举、侧举、侧上举、侧下举、斜上举、斜下举
	臂屈伸	屈:胸前平屈、肩前屈、肩侧屈、头后屈(两手夹头)、叉腰伸(由屈臂开始):前伸、侧伸、上伸、侧上伸、侧下伸、下伸
	臂摆振	摆:向前摆、向侧摆、向后摆、向上摆、向后摆 振:上后振、下后振、侧后振

（续表）

运动部位	动作类别	动作的形式和方向
上肢运动	臂绕环	向前绕环、向后绕环、向左绕环、向右绕环、向内绕环、向外绕环、小绕环（以腕为轴）、前臂绕环（以肘为轴）、“8”字绕环
躯干运动	屈	前屈、侧屈（左、右）、后屈、仰卧起坐、仰卧举腿、俯卧体后屈
	转	向左转、向右转
	绕环	上体左、右绕环，髋向左、向右绕环
下肢运动	摆、踢	前摆、侧摆、后摆，前踢、侧踢、后踢、斜前踢
	屈伸	半蹲起、深蹲起、单腿蹲起
	弓箭步	前弓箭步、后弓箭步、侧（左、右）弓箭步
跳跃运动	单脚跳	交换跳、点地跳、摆腿跳、转身跳、转身跳、移动跳
	双脚跳	前后开合跳、左右开合跳、前后交换跳、左右交换跳（分开、交叉）、转身跳、移动跳、挺身跳、蹲跳等
其他	立	基本站立、提踵立、开立（前后、左右）、点地立、交叉立
	坐	直角坐（并腿坐）、分腿坐、跪坐、半劈腿坐
	卧	俯卧、仰卧、侧卧
	撑	蹲撑、跪撑、俯撑、侧撑、仰撑等
	平衡	俯平衡、仰身平衡、侧平衡、直角坐平衡、跪撑平衡
组合变化	各种动作部位的组合，各类动作的组合，各种方向的组合，运动的节拍、速度、次数、开始姿势，以及人数、队形的变化等	

§2.3 基本部位

一、身体的基本方位

为了方便学习，首先应有正确的方向概念，一般以幼儿自身为基点，面对教师的方向为正前方，每向右转 45°为一个方向，共分 8 个方向。为记述方便，用 8 个数字来代替 8 个方向，如图 2-3-1 所示。即：1 点（前方）、2 点（右前方）、3 点（右侧）、4 点（右后方）、5 点（后方）、6 点（左后方）、7 点（左侧）、8 点（左前方）。

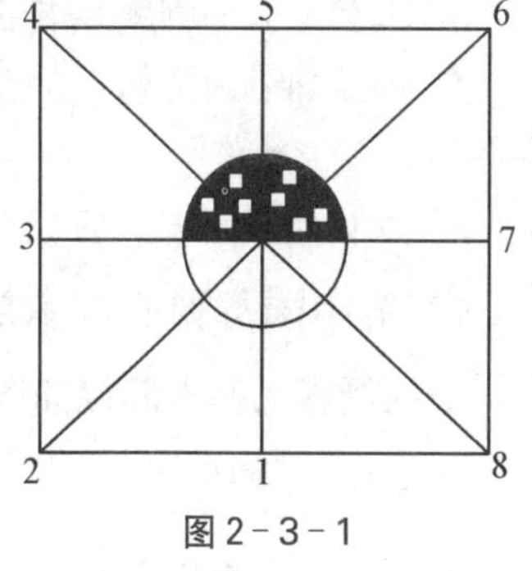

图 2-3-1

二、头部的基本部位

头部的基本部位如图 2-3-2 所示。

1. **正头**：上体正直，颈部自然挺直，眼看 1 点。（图 2-3-2-①）
2. **低头**：下颌贴住胸骨上端。（图 2-3-2-②）
3. **仰头**：头后屈至最大限度。（图 2-3-2-③）
4. **转头**：面向左（右），下颌对准左（右）肩，眼看 7 点或 3 点。
5. **头侧屈**：面向 1 点，头向左（右）侧屈，眼看 2 点或 8 点。（图 2-3-2-④）
6. **低转头**：面向左（右）前斜下 45°，眼看 7 点或 3 点。（图 2-3-2-⑥）
7. **仰转头**：面向左（右）前斜上 45°，眼看 8 点或 2 点。（图 2-3-2-⑦）

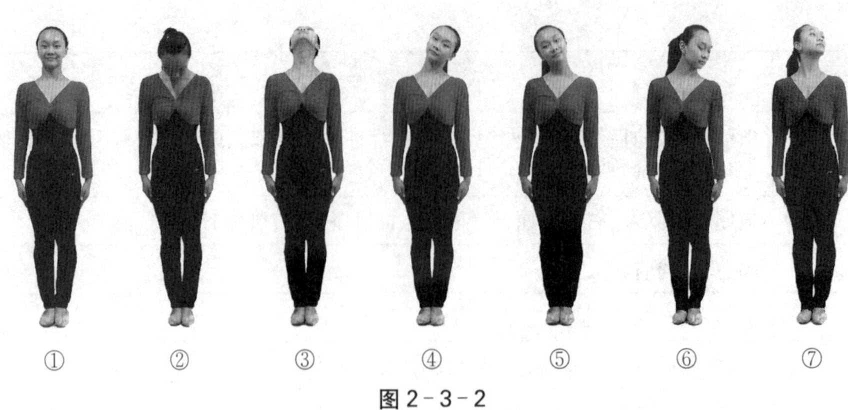

图 2-3-2

三、脚的基本部位

脚是人体的“根”，动作的稳定性在很大程度上取决于“根”的牢固程度。因此，做各种脚位练习时，要求身体要直、挺胸立腰、收腹收臀。

（一）芭蕾舞脚的基本部位

芭蕾舞脚的基本部位如图 2-3-3。

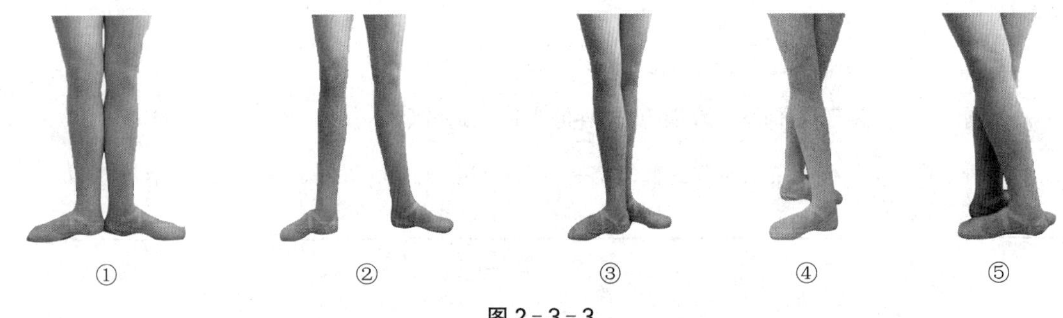

图 2-3-3

1. 一位脚：面对 1 点，两腿伸直夹紧，脚尖向两侧，两脚跟靠拢成一横线，重心在两脚上。（图 2-3-3-①）

2. 二位脚：在一位脚的基础上，一腿向侧迈出一步，两脚跟之间相距一脚宽，脚尖向两侧，两脚呈一横线，重心在两脚中间。（图 2-3-3-②）

3. 三位脚：一脚跟相叠在另一脚的脚弓处，脚尖向两侧，重心在两脚上。（图 2-3-3-③）

4. 四位脚：两脚前后完全平行，两脚间相距约一脚，脚尖向两侧，重心在两脚中间。（图 2-3-3-④）

5. 五位脚：两脚前后完全平行相靠，脚尖对准脚跟，重心在两脚上。（图 2-3-3-⑤）

（二）中国舞脚的基本部位

中国舞脚的基本部位如图 2-3-4。

1. 正步：面向 1 点，两腿并拢，两脚靠紧，脚尖对 1 点，重心在两脚上。（图 2-3-4-①）

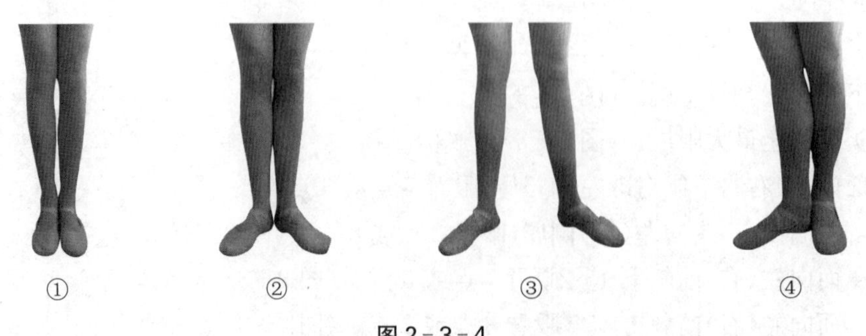

图 2-3-4

2. 八字步：面向1点，两脚跟靠紧，两脚尖分别对2点和8点，重心在两脚上。(图2-3-4-②)

3. 大八字步：同八字步脚位，只是两脚跟相距一脚，重心在两脚中间。(图2-3-4-③)

4. 丁字步：一脚的脚跟紧靠在另一脚的脚弓处，两脚尖分别对2点和8点，如"丁"字形，重心在两脚上。(图2-3-4-④)

5. 踏步：它是脚的部位中最富有姿态性的位置。以左脚为例，身对2点，在左丁字步的位置上，左腿直立为支撑腿，右脚向6点后撤，脚尖或脚掌点地，膝稍弯，两膝内侧要相靠，眼看1点和8点之间，上体左扭。(图2-3-5-①)

①　②　③　④　⑤　⑥　⑦

图2-3-5

6. 前点步：身对1点，在左丁字步位置上，左脚向1点绷脚擦出，脚尖点地，重心在右脚上。(图2-3-5-②)

7. 后点步：身对1点，在左丁字步位置上，右脚向5点绷脚擦出，脚尖点地，重心在左脚上。(图2-3-5-③)

8. 侧点步：身对1点，在左丁字步位置上，左脚向7点绷脚擦出，脚尖点地，重心在右脚上。(图2-3-5-④)

9. 前弓步：身对1点，在八字步位置上，左脚1点方向迈出一步屈膝，小腿与大腿呈稍大于90°的钝角，右腿伸直，脚尖点地，重心在两腿中间。(图2-3-5-⑤)

10. 侧弓步：身对1点，在八字步位置上，左脚尖对7点方向迈出一步屈膝，小腿与大腿呈稍大于90°的钝角，右腿伸直，脚尖对3点点地，重心在两腿中间。(图2-3-5-⑥)

11. 后弓步：身对1点，在八字步位置上，左脚对5点方向后退一步屈膝半蹲，小腿与大腿呈稍大于90°的钝角，右腿伸直对1点前点，重心在左腿上。(图2-3-5-⑦)

四、手臂的基本位置

(一) 芭蕾舞手位

芭蕾舞手位如图2-3-6所示。

做时两肩应放松。臂稍呈弧形。

1. 一位：两臂体前自然下垂呈弧形，放在髋前，约距大腿根一拳远，两手指尖相对，约距一拳远，掌心向上方。(图2-3-6-①)

2. 二位：两臂前举(稍低于肩)，掌心向内。(图2-3-6-②)

3. 三位：两臂呈弧形上举至头顶上方视线可及之处，掌心相对。(图2-3-6-③)

4. 四位：一臂上举，另臂前举。(图2-3-6-④)

5. 五位：一臂上举，另臂侧举。(图2-3-6-⑤)

6. 六位：一臂侧举，另臂前举。(图2-3-6-⑥)

7. 七位：两臂呈弧形侧举，掌心向内。稍架肘，小臂略低于大臂。(图2-3-6-⑦)

图 2-3-6

(二) 徒手操手位

徒手操手位如图 2-3-7 所示。

做操时两臂伸直，五指并拢，两肩放松，身体正直，挺胸收腹。

图 2-3-7

1. 前举：两臂向体前举起与肩平，宽度与肩同宽，掌心向下。(图 2-3-7-①)
2. 上举：两臂伸直向体前举起至耳边，掌心相对。(图 2-3-7-②)
3. 侧举：两臂伸直向体前举起至肩高，掌心向下。(图 2-3-7-③)
4. 侧上举：两臂伸直向体侧举起至上举—侧举之间 45°的方向，掌心向内。(图 2-3-7-④)
5. 侧下举：两臂伸直向体侧举起至侧举—垂直之间 45°的方向，掌心向下。(图 2-3-7-⑤)
6. 斜上举：两臂伸直向体前举起至上举—侧举—前举之间 45°的方向，稍宽于肩，掌心向下。(图 2-3-7-⑥)
7. 斜下举：两臂伸直向体前举起至垂直—前举—侧举之间 45°的方向，稍宽于肩，掌心向下。(图 2-3-7-⑦)
8. 胸前平屈：两臂于胸前屈肘，前臂与地面平行，同肩高，掌心向下。(图 2-3-8-①)
9. 胸前屈：两臂于胸前屈肘，前臂与地面垂直，与胸平行，拳心向内，略高于肩。(图 2-3-8-②)
10. 肩侧屈：两臂于肩侧屈肘，两肘稍后张，小臂与地面垂直，拳心相对。(图 2-3-8-③)
11. 肩上侧屈：两臂于肩侧屈肘，两肘稍后张，小臂与地面垂直，手指触肩。(图 2-3-8-④)

五、腿的基本部位

腿是基本体操最基本也是最重要的练习内容之一，做各种方向的练习时，要注意开髋、直膝、绷脚尖。

图 2-3-8

1. 举腿：一腿由低向高举起(活动范围不超过 90°)，停止在某一部位的动作。(图 2-3-9)

图 2-3-9

2. 摆腿：一脚站立，另一腿向前、侧、后做钟摆式。(图 2-3-10)

图 2-3-10

3. 踢腿：一脚站立，另一腿向前、侧、后面及异侧踢出，下落时要轻而有控制。(图 2-3-11)

图 2-3-11

4. 控腿：做法同举腿，但高度在90°以上，并保持在一定的高度和控制一定的时间。

5. 压腿：一腿站立，另一腿放在一定高度，使上体下振，靠近大腿，方向有前、侧、后。（图2-3-12）

① ② ③

图2-3-12

6. 耗腿：做法同压腿，但不管向哪个方向做，上体下振靠近大腿后，要停留一定的时间。

7. 搬腿：用手搬踝或膝关节，将腿伸直向前、侧、后方举起并停一定时间。（图2-3-13）

① ② ③

图2-3-13

8. 绕腿：以髋或膝为轴，做移动范围在180°以上、360°以下的弧形动作。

§2.4 基本步伐

一、柔软步

柔软步做法如图2-4-1所示。

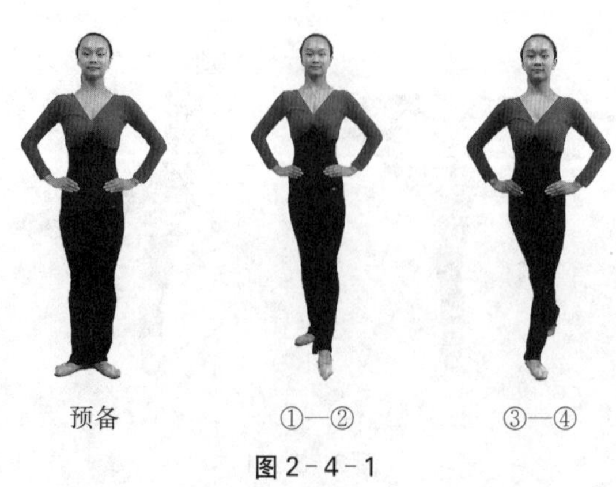

预备 ①—② ③—④

图2-4-1

预备姿势　上体正直，挺胸立腰，眼看前方，两手叉腰，八字步站立。

动作做法

①—②：左腿膝盖、脚面绷直向前点地。

③—④：右腿蹬地前移重心，左脚柔软地从脚尖过渡到全脚掌落地（脚面稍向外），右脚点地。

⑤—⑧：同①—④拍动作，方向相反。

教法和要求

1. 初学时，可先叉腰慢速进行，基本掌握要领后，可过渡到一拍一动及加不同的手臂动作变化。

2. 走步时躯干和头部保持正直，不要左右晃动，两腿要走在一条线上。

3. 脚尖过渡到全脚掌时，要柔和自如。

易犯错误

1. 含胸，低头。
2. 脚尖过渡到全脚掌落地时不柔和。
3. 移重心时腰腹肌肉放松。
4. 脚面太正，前移时膝盖易屈。

二、足尖步

预备姿势　双手叉腰，八字脚，两脚跟提起（即：提踵立）。

动作做法

同柔软步，但脚后跟不准着地。

教法和要求

1. 原地提踵练习。
2. 扶把慢速练习。
3. 高把练习并可配合各种手臂动作。
4. 全身始终保持挺胸、立腰、绷脚尖，走步时仅脚前掌有伸屈动作。
5. 注意重心随腿前移，步幅均匀不易过大。

易犯错误

1. 移重心时脚腕过松，造成上下起伏过大。
2. 做动作时耸肩、挺腹、塌腰。
3. 步幅太大，不易控制平稳。

三、滚动步

滚动步做法如图 2－4－2 所示。

预备姿势　正步提踵，两手叉腰。

动作做法

左脚向前一步柔和地由脚尖过渡到全脚掌着地，重心移至左腿上，同时右腿屈膝前拉至左脚前，脚

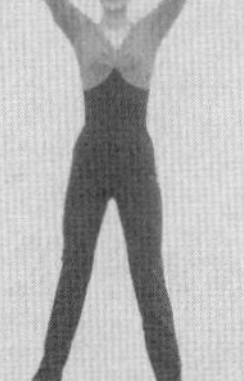

面绷直，脚尖向下垂直点地。

预备

图 2-4-2

教法和要求

1. 初学时可扶把原地慢速练习，熟练后可变换不同的动作节奏。
2. 经两脚提踵立交替移重心过程要明显，同时上体保持正直，收腹立腰，髋上提。
3. 两膝始终向前，小腿和脚背与地面垂直，动作连贯，柔和有弹性。

易犯错误

1. 全身放松造成身体左右摆动太多。
2. 移重心过程没有经过提踵立。
3. 两腿交替移重心时臀部后坐太多。

四、交换步

交换步做法如图 2-4-3 所示。

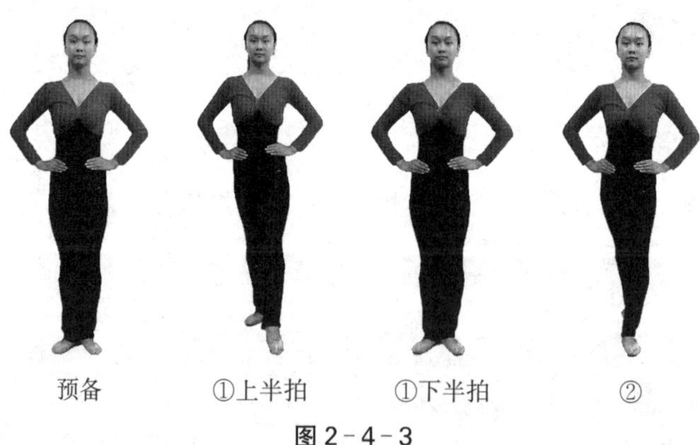

预备　①上半拍　①下半拍　②

图 2-4-3

预备姿势 八字步站立，两手叉腰，抬头挺胸。

动作做法

①：上半拍左脚向前做柔软步。下半拍右脚移向左脚并成八字步。

②：左脚再向前做一个柔软步，重心移至左脚上，右脚伸直后点地（脚面绷直稍显外）。

教法和要求

1. 初学时慢速练习脚的步法，熟练后再加上手臂练习。
2. 走步时，脚后跟的轨迹始终在一条线上。

易犯错误

1. 走步时重心前移不够，造成重心滞后。
2. 走步时脚后跟不在一直线上，而是向斜方向移出，造成上下起伏过大。
3. 做动作时耸肩、挺腹、塌腰。
4. 步幅太大，不易控制平稳。

五、弹簧步

弹簧步做法如图2-4-4所示。

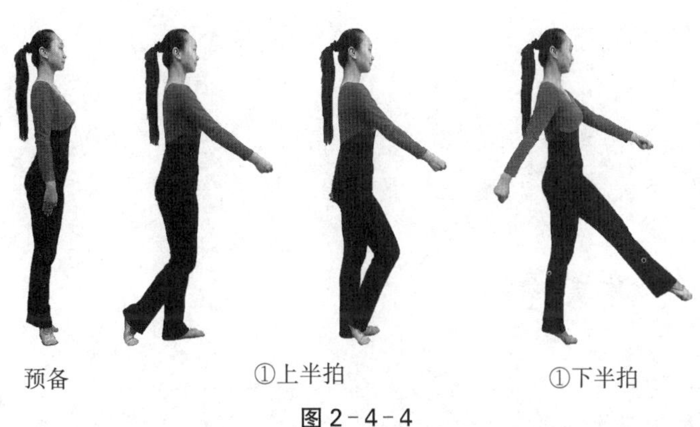

图2-4-4

预备姿势　八字步提踵立，两手自然下垂，上体正直。

动作做法

①上半拍：左脚向前一个柔软步，落地式屈膝半蹲，重心在此腿上，右脚自然弯曲后点。(图2-4-4-①上半拍)

①下半拍：左脚经屈膝伸直提踵，同时右腿直膝绷脚尖向下举25°。(图2-4-4-①下半拍)

教法和要求

1. 初学者可先扶把杆或扶墙练习走步，以后再加手臂动作。
2. 两腿的屈、伸应有弹性，即：屈时要柔和，伸时要及时协调。

易犯错误

1. 腿的身躯不柔和，无弹性，弯曲无控制，造成身体重心上线起伏太大或是有跛子的感觉。
2. 身体重心前移不够，有后坐之感。
3. 步幅太大，造成身体晃动。

六、华尔兹步

华尔兹步做法如图2-4-5所示。

预备姿势　提踵立，两手叉腰。

动作做法

①：左脚向前一个弹簧步。

②：右脚向前一个足尖步。

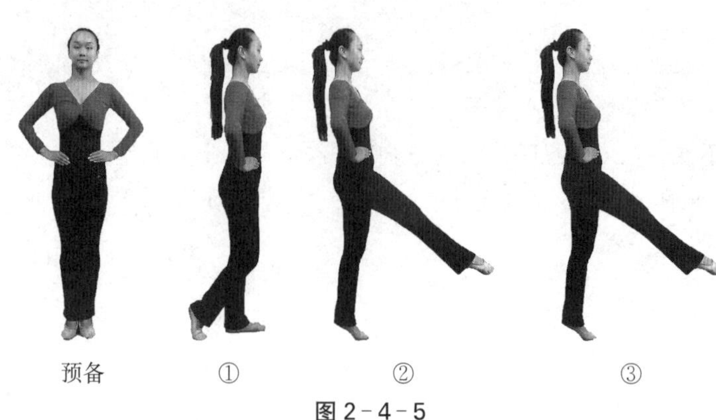

图 2-4-5

③：左脚向前做一个足尖步。

教法和要求

1. 应在弹簧步和足尖步的基础上进行华尔兹练习，然后再加手臂练习。
2. 整个动作要连贯、轻松、柔和、协调，三步的步幅要相等。
3. 重心要随腿前移。
4. 两脚所走的路线保持在一条直线上。

易犯错误

1. 弹簧步无弹性，足尖步无高度。
2. 步幅不等，走成一大二小。
3. 重心不前移，滞留在后腿上。
4. 两脚走“之”字形。

§2.5 基本跳步

一、跑跳步

跑跳步做法如图 2-5-1 所示。

图 2-5-1

预备姿势 八字步站立。

动作做法

节拍前动作：左腿原地小跳，同时右腿屈膝自然前举，脚面绷直，脚尖向下。

上半拍右脚向前落地，下半拍右脚随即蹬地跳起，同时左腿屈膝自然前举。

教法和要求

1. 身体重心始终保持垂直向上。
2. 屈膝前举的腿向下落地要快，小跳短促有力。
3. 动作要欢快轻松。
4. 熟练掌握动作后，可练习后退的、向侧的及转体的跳步。

易犯错误

1. 没有节前小跳，所以节奏不对，不合节拍。
2. 脚面不绷直，造成形象不美。

二、卡洛泼跳步(并步跳)

卡洛泼跳步如图 2-5-2 所示。

预备　①上半拍

①下半拍

图 2-5-2

预备姿势　八字步站立，两臂侧举。

动作做法

①上半拍：左脚向前一个柔软步着地形成弓步，重心随腿前移。

①下半拍：左脚蹬地跳起，两腿伸直，右脚靠拢在左脚后，空中呈“丁”字形。

教法和要求

1. 先做向前并步，再做向前并步小跳，再练习经弓步的跳。
2. 跳起后，两脚在空中有并腿的瞬间，脚尖绷直。

易犯错误

1. 蹬地无力，造成腾空不高，无法在空中做并腿动作。
2. 重心不够前移。
3. 落地不柔和。

三、踏步跳

踏步跳做法如图 2-5-3 所示。

图 2-5-3

预备姿势　八字步站立，两臂自然下垂。

动作做法

①：左脚向前一步，手一位。

②：左脚随即蹬地跳起，同时右腿直膝后举，左臂侧举，右臂前举。

教法和要求

1. 原地慢动作体会，逐渐加快节奏，并可加各种手臂和腿部练习。

2. 起跳要向上，落地要柔和。

易犯错误

1. 蹬地跳起软而无力，起跳脚不绷脚尖。

2. 腰部松弛，姿态不美。

四、波尔卡步

波尔卡步做法如图 2-5-4 所示。

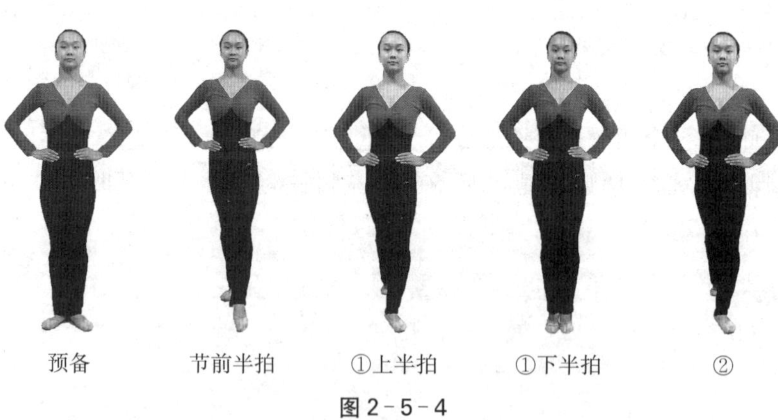

图 2-5-4

预备姿势　八字步站立，两手叉腰。

动作做法

节前半拍：右脚小跳，同时左脚伸直向前下举（稍离地），脚面向外，上体稍向左侧倾。

①：上半拍左脚向前一个柔软步着地形成弓步，重心随腿前移；下半拍左腿蹬地跳起，两腿伸直，右脚并于左脚。

②：左脚再向前一步形成弓步。

教法和要求

1. 先练习卡洛波步。
2. 再加节前小跳，熟练后再加手臂练习。
3. 小跳后的并步跳要快而连贯，重心要随机前移。

易犯错误

1. 最常见的是没有节前小跳。
2. 节前小跳时，前举腿离地过高，重心在后。
3. 重心跟进不够，动作不轻松。

五、跨跳步

跨跳步做法如图 2-5-5 所示。

图 2-5-5

预备姿势　八字步站立，两臂侧举。

动作做法

①：左脚上步蹬地跳起，同时右腿向前上方踢胯，做左腿后踢，空中两腿前后尽量分开。

②：右腿屈膝缓冲落地，右腿后举。

教法和要求

1. 助跑 2～3 步，做一腿蹬地向上跳起、另一腿前摆的练习。
2. 在地上划两条线(有一定宽度)做跨越练习。
3. 由小到大、逐步要求两腿有一定高度的开度。

易犯错误

1. 蹬地腿发力不够。
2. 摆动腿仅向前跨，而没有向前上方踢胯，影响了身体腾起的高度和远度，使两腿的开度太小。

六、柔软跑步

柔软跑步做法如图 2-5-6 所示。

预备姿势　两脚提踵立，两臂稍屈，重心稍前倾。

动作做法

在自然跑的基础上，摆动腿稍轻腾空自然向前伸出，脚面绷直，用脚前掌柔和地过渡到全脚掌，重心

图 2-5-6

随之前移，两臂自然前后摆动。

教法和要求

1. 原地跑，体会脚面绷直并外展及柔和落地的动作。
2. 身体重心始终在前腿上。
3. 跑步时，小腿自然向前伸出，不要有前踢腿或后踢腿的动作。

易犯错误

1. 无腾空。
2. 腾空时摆动腿没有绷脚面。
3. 重心前移不够，有后坐的感觉。
4. 跑时腰腹部肌肉松弛，脚后跟先着地。

§2.6 基本练习

基本练习包括把杆练习、柔韧练习、波浪练习、平衡练习。

一、把杆练习

把杆练习时借助于扶持把杆的徒手练习。通过练习主要是增强前腰、腿部的力量和柔韧性，提高身体形态的控制能力，树立良好的体形体态，促进身体激素正常分泌的全面发展。

扶把的方法有两种：

1. 上手扶把：前向把杆，身体距把杆约一脚，两手轻轻放在把杆上，与肩同宽，肘下垂，手腕与肩均放松，把杆高度齐练习者腰部为宜。

2. 单手扶把：侧对把杆，内侧手与身体稍前，轻放在侧面的把杆上，外侧手放在各动作要求的位置。

(一) 压脚跟

压脚跟是指踝关节做有力的屈伸动作。

预备姿势　面对把杆，八字脚提踵立，双手扶把。

动作做法

①：足跟落地。
②：双脚提踵。
③—④：同①—②动作。

⑤：足跟迅速下压，然后迅速提踵立。

⑥—⑦：同⑤拍动作，下压两次。

⑧：双脚落地。

教法和要求

1. 扶把时应挺胸立腰，两腿伸直，提踵越高越好，使脚跟踢到最大限度。

2. 练习时应体会脚踝关节的有控制屈伸。

3. 压脚跟要迅速有力还原至提踵立，中间不能停顿。

易犯错误

1. 提踵立时脚跟立得不高。

2. 压脚跟时全身松弛。

(二) 一位擦地

擦地是指脚掌与地面摩擦的动作。

预备姿势　面对把杆一位站立，双手扶把。

动作做法

①：左脚全掌沿地面向左侧擦地推出至远端，脚尖点地，脚面向外。

②：左脚踝关节用力下压沿地擦地拉回成预备姿势。

教法和要求

1. 初学时，先可做压脚跟练习。

2. 可把节拍放慢，随着熟练程度再加快，可单手扶把侧对把杆，向不同方向擦地。

3. 向前擦地时，脚跟尽量前顶；向侧擦地时，脚背用力向侧推出，脚跟尽量测顶；向后擦地时，脚跟尽量下压。还原时，踝关节稍放松，脚跟下压，将脚拖回。

4. 擦出和收回时，要收腹立腰，上体保持正直，两腿伸直，重心始终在主力腿上，腰部有上提的感觉。

易犯错误

1. 擦地时膝、踝关节有松弛现象。

2. 重心随擦地腿移动。

3. 移出和收回时踝关节欠力度。

(三) 蹲

蹲是指膝关节做有力的屈伸动作。

预备姿势　面对把杆，一位站立，双手扶把。

动作做法

1. 第一个八拍：

①—④：半蹲。

⑤—⑧：还原成预备姿势。

2. 第二个八拍：

①—④：去全蹲。

⑤—⑧：还原成预备姿势。

做法和要求

1. 初学时可先双手扶把学半蹲，然后练全蹲及各个部位的蹲。
2. 上体正直，两膝向侧，髋要尽量外展。
3. 再练习时，应有蹲不下去和起不来的感觉，即腿部肌肉做退让性的屈伸，重心始终在垂直部位上。
4. 在全蹲地过程中，两脚跟应在被迫情况下逐渐提起，不可主动提踵。

易犯错误

1. 下蹲时上体前倾。
2. 下蹲时双腿主动伸屈。
3. 开髋不够，下蹲与起立之间连贯不柔和，有停顿现象。

（四）小踢腿

小踢腿是指从脚尖到大腿伸直做快速踢起、随即停顿的动作。

预备姿势 面对把杆，一位站立，双手扶把。

动作做法

①—②：左脚经擦地侧踢25°。

③：左脚侧点地。

④：左脚经擦地收至①位。

⑤—⑧：同①—④动作，方向相反。

教法和要求

1. 初学者可双手扶把先学一个方向的小踢，熟练后再侧向做各种站立位及各方向的练习。
2. 以脚面带动小腿直腿绷脚，做快速有力的踢腿动作，并保持一定的高度。
3. 踢腿时身体不要晃动，重心始终在支撑腿上。

易犯错误

1. 踢腿时没有经过擦地动作。
2. 踢腿时没有将腿控制在一定的高度上。
3. 脚面没有外展，造成膝盖不直、不易发力、容易屈膝。

（五）屈伸（吸腿）

屈伸是指以膝关节为轴，小腿做屈伸的动作。

预备姿势 侧对把杆，右丁字步站立，左手扶把，右手叉腰。

动作做法

①—②：左腿屈膝半蹲，右腿外展，右脚掌沿小腿内侧上提至屈膝侧举。

③—④：左腿缓慢伸直，右腿以膝为轴向前伸出。

⑤—⑥：右腿落下形成脚尖点地。

⑦—⑧：右腿经擦地收回。

教法和要求

1. 初学者，先做向前屈伸，再做向侧向后屈伸，然后再联合做。
2. 完成动作时要做对抗性的收缩和放松，即柔中有力量。
3. 两腿应同时完成屈和伸的动作，时间应均衡，柔和而缓慢。

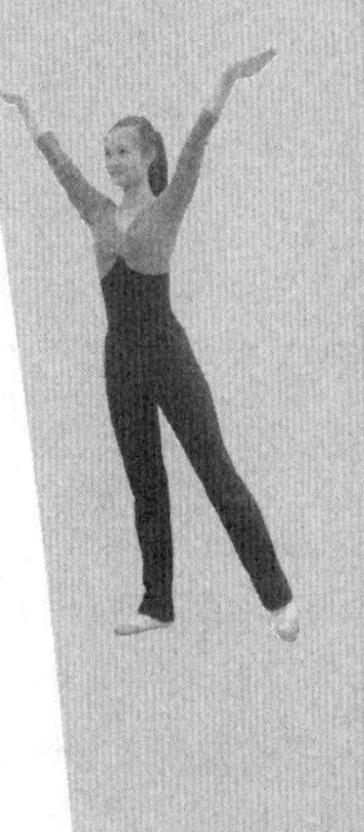

(六) 压腿

压腿是指以髋为轴所做的腿部柔韧性的动作。

预备姿势 右丁字步站立，左手扶杆，右臂自然下垂，身体左转 45°，面向 8 点。

动作做法

1. 第一个八拍：

①—②：前吸右腿，同时右臂上举。

③—④：右腿伸直放杆上。

⑤—⑥：上体前屈压腿。

⑦—⑧：上体直立。

2. 第二个八拍：

①—⑦：同第一个八拍的①和⑤—⑧动作，前压两次。

⑧：上体左转 45°，面向 7 点(把杆)，右腿侧举。右手扶杆，左臂上举。

3. 第三个八拍：

①—②：上体向右侧屈。

③—④：上体直立。

⑤—⑥：同①—②动作。

⑦：上体直立。

⑧：上体左转 90°，面向 5 点，右腿后举，右手扶杆，左臂上举。

4. 第四个八拍：

①—②：左腿屈膝半蹲，上体后屈。

③—④：左腿伸直。

⑤—⑥：同①—②动作。

⑦：左腿伸直，前吸右腿，同时左臂上举。

⑧：还原成预备姿势。

教法和要求

1. 三向压腿可先两拍一动，逐渐加至一拍一动，也可分开练习或增加把杆高度。

2. 压腿时髋要正，脚尖向前，两腿要伸直。正压时尽量用腹部靠近大腿；侧压时尽量用异侧手扶脚，肩腿在一个平面上；后压时上体和髋要保持正直。

易犯错误

1. 压腿时支撑腿同时弯曲。
2. 正压时髋不正；侧压时低头，上体前倾，肩腿不在一个平面上，脚尖向前；后压时，上体不后屈或外转。

(七) 踢腿

踢腿是以髋为轴所做的力量、速度、柔韧和灵活性的动作。

动作做法

与小踢腿类同，但要求上体与腿的夹角小于 45°。

教法和要求

踢腿时要迅速有力，落地时要轻而有控制地慢落。

易犯错误

1. 摆腿时支撑腿弯曲。
2. 摆动腿做钟式摆动。
3. 髋关节跟着前送、后移。

(八)下腰

下腰是以腰为轴所做的柔韧、灵活和控制能力的动作。

预备姿势 八字步站立,左手扶杆,右臂自然下垂。

动作做法

①:右脚前点地,同时右臂上举。
②:上体前屈。
③—④:上体起立。
⑤—⑥:上体后屈(后下腰)。
⑦:上体起立。
⑧:还原。

教法和要求

1. 初学者可先学会双脚站立下腰,再学单脚站立下腰,但重心均在支撑腿上。
2. 上体前屈时,应抬头挺胸,以胸领先,并使胸部贴住腿。
3. 上体后屈时,方向要正,髋不能扭转,起立时,后背上顶,胸部领先。

易犯错误

1. 前、后屈时不以胸领先。
2. 做动作时肩胸不舒展。
3. 上体后屈时,头颈梗住太紧张。
4. 做动作时重心不在支撑腿上。

(九)小跳

小跳是以脚踝用力,发展弹跳力以及空中控制身体姿态能力的动作。

预备姿势 面向把杆,一位站立,双手扶把。

动作做法

1. 节拍前动作:两腿经半蹲蹬地起跳,两脚侧分,脚面绷直,脚尖向下。
2. 落地形成一位半蹲,接着下半拍又蹬地起跳。

教法和要求

1. 两脚用力蹬地向上起跳,两腿伸直,脚尖绷直向下,脚面向外,上体正直,收腹立腰,臀部收紧。
2. 落地时,应从脚尖过渡到全脚掌着地,并稍屈膝半蹲。
3. 身体重心始终在垂直部位上下起伏。

易犯错误

1. 动作过程中两肩上耸。
2. 两腿开度不够。
3. 空中脚尖没有绷直向下。

二、柔韧练习

通过身体各关节柔韧性的练习，能提高韧带的灵敏性。各关节的灵活性和协调性，是建立正确的动作和优美的造型必不可少的素质之一。

(一) 肩部柔韧性练习

1. 压肩：分腿(或并腿)站立，两臂伸直，两手扶器械，上体前屈，挺胸低头(或抬头)，上体向下振压，也可加助力帮助下压。

2. 拉肩：练习者一腿在前、另一腿在后站立，抬头挺胸，两臂上举。协助者站在其背后，一手握其双手向后拉，同时，另一手以掌推其背部向前顶，将肩关节韧带拉开；也可上体仰卧器械上，两臂上举，协助者压臂拉肩；还可背对器械，两手体后握住器械，抬头(低头)挺胸，一腿向前做弓步拉肩。

3. 转肩：两手握棍或绳。前举经上向后转肩呈后下举，再还原(即从后经上向前转肩)，两手间距离越小越好。

(二) 胸腰部柔韧性练习

1. 甩腰：侧对器械，一手扶器械，另一臂上举做上体前屈接后屈的甩腰动作。

2. 拉胸：练习者俯卧在垫子上，两臂上举或侧后举。协助者抓住练习者手腕，用力拉起，使其上体离地呈最大反弓形，振动的幅度由小变大，逐渐用力。

3. 下桥：

(1) 练习者跪立，两臂上举。协助者扶腰，练习开始抬头挺胸，向后弯腰，协助者帮助上下振动。

(2) 练习者仰卧在垫上，两腿屈膝，两手耳旁撑地，胸腹上挺呈桥形。

(3) 有扶持的站立下桥，手脚间距离越短越好，但两腿要直。

(三) 髋部柔韧性练习

1. 坐垫上，上体正直，两腿屈膝外展，大小腿折叠角度越小越好，脚心相对，两手扶膝用力向下振动，以达到开胯的目的。

2. 坐垫上，上体正直，两腿屈膝向内，膝盖相靠，脚心向外，两手扶膝上，向下振动。

3. 俯卧垫上，两腿体侧屈膝内收，脚心向外，两臂上举(似青蛙状)，可由协助者帮助向下压髋。

(四) 腿的柔韧性练习

1. 脚踝柔韧性：

(1) 直腿坐，上体正直，脚腕做屈伸动作。

(2) 绷脚面跪坐于腿上，两手撑地(体前、体后均可)，臀部不离腿，做双膝离地动作。

(3) 压脚跟练习，两手扶器械，做脚跟的提起和下落动作。

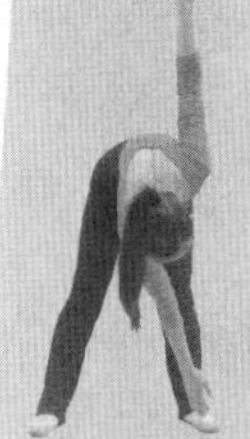

2. 腿的柔韧性：

(1) 直腿或分腿坐，上体前屈，使胸腹紧贴大腿，由协助者帮助下压，也可两脚垫高做。

(2) 有助力的搬压腿。

(3) 两腿前后滑开成纵劈叉，两手体侧撑地，上下振动，也可将两脚垫高做此练习。

三、波浪练习

波浪练习是指参加运动的各关节间的屈、伸按顺序形成依次连贯的推移动作，主要发展身体各关节的灵活、柔韧和协调性。

(一) 手臂波浪

手臂波浪是指手臂各关节按顺序依次作柔和的屈伸动作。

预备姿势　八字步站立，上体正直，两臂侧举，掌心向下。

动作做法

①—②：两臂稍上提后，同时缓慢屈肘，手腕放松。

③—④：两臂向侧由肩、肘、腕依次过渡到手指伸直。

教法和要求

1. 波浪过程中手臂各关节应由肩开始发力，不停顿地依次由屈至伸，体现出波浪的圆润、动作的柔和及协调舒展。

2. 初学者可先单臂练习，再过渡到两臂同时或依次练习。

易犯错误

1. 不是以肩带动手臂，使肘、腕、指依次伸直，而是相反用力。

2. 各关节屈伸不柔和，屈伸方向不在一个平面上。

(二) 躯干波浪

躯干波浪是指上体各关节依次做柔和的屈伸动作。

预备姿势 跪立，两手体后交叉相握。

动作做法

①—④：自腰部开始，经腹、胸、肩依次向前挺直头部，同时上体逐渐下压贴住大腿，臀部后坐。

⑤—⑧：自腰部开始，经腹、胸、肩、头各关节依次向后屈伸，同时上体逐渐还原至跪立。

教法和要求

1. 初学时可以从跪撑开始，专门练习抬头、挺胸、塌腰和低头、含胸、拱腰动作。

2. 本动作可跪撑开始结束成俯撑，也可反之练习。

3. 通过练习充分体会各关节间的屈伸，应一次连贯、一气呵成。

易犯错误

1. 各关节没按顺序依次屈伸，中间有脱节现象。

2. 动作过程中两肩上耸不放松。

3. 上体屈伸时，重心没有调节好。

(三) 全身波浪

全身波浪是指身体各关节一次屈伸的动作。

预备姿势 正步提踵立，双臂上举，掌心向前。

动作做法

①—④：屈膝半蹲，含胸低头，经膝、髋、腰、胸、颈等关节依次向前上方挺伸成抬头挺胸提踵立，同时两臂经下向后绕至上举。

教法和要求

1. 初学者可先扶把杆做慢动作，体会各关节的屈伸顺序，此动作可向前、向侧、向后作。

2. 依次向前挺送各关节时，幅度要大，波浪动作要明显，使波峰由下(或上)向上(或下)依次推移。

3. 全身波浪时应注意重心的调节。

易犯错误

1. 各关节的挺伸动作不柔和、不连贯。
2. 身体动作和手臂动作配合不好。
3. 重心调节不好，直接影响动作的幅度。

四、平衡练习

平衡练习是指以身体某部分支撑地面，所做的保持两秒左右静止不动的某一身体姿势。通过练习，可发展肌肉力量及控制重心稳定的能力。

(一) 跪撑平衡

跪撑平衡是以小腿和手为支撑点的一种平衡姿态。

预备姿势　八字步站立，两臂自然下垂。

动作做法

①—②：右腿向前一步屈膝，小腿跪立，同时上体前屈两手撑地。

③—④：左腿后举停止不动，同时抬头挺胸。

教法和要求

1. 通过练习即可学会。
2. 后举腿要求直而高，脚尖绷直。

易犯错误

1. 后举腿屈膝，后举腿低于斜上 45°。
2. 支撑腿、手与地面不垂直。

(二) 膝撑平衡

膝撑平衡是以膝盖为支撑点的一种平衡姿势。

预备姿势　右腿跪撑平衡。

动作做法

①—④：小腿离地，后举腿不动，同时两手慢慢离地侧举，上体尽量后屈。

教法和要求

1. 先学会手不支撑的跪撑平衡。
2. 助力下做膝撑平衡，体会支撑点与上体调节平衡的感觉。

易犯错误

1. 腰背肌力量不够，膝撑时后举腿下落。
2. 用力不对，两肩端起。

(三) 坐撑平衡

坐撑平衡是以臀部为支撑点的一种平衡姿态。

预备姿势　直腿坐。

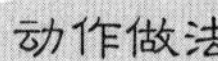

动作做法

①—④：两腿屈膝点地慢慢上举在斜上45°停止不动，同时两臂侧举。

教法和要求

1. 先练习两手后撑的前举腿，慢慢过渡到臂侧举的前举腿。
2. 熟练后可变换举腿的姿态。
3. 上举腿时上体要舒展。

易犯错误

1. 两腿屈膝勾脚。
2. 全身不舒展，两肩上端。

（四）腹撑平衡

腹撑平衡是以腹部为支撑点的一种平衡姿态。

预备姿势　仰卧，两臂上举。

动作做法

①—④：抬头挺胸，两腿后举，同时两臂侧举。

教法和要求

1. 腰、臀肌收紧，两腿用力，使腹部与地面接触面积越小越好。
2. 熟练后还可以做成两腿屈膝后举、两腿屈膝交叉后举和一腿伸直另腿屈膝后举动作。
3. 可由跪立开始，抬头挺胸，上体前倒，以腿、腹、胸依次着地滚动成腹撑平衡动作。

易犯错误

1. 腰背力量不够，紧张不起来，柔韧性差，影响动作质量。
2. 平衡点掌握不好。

（五）胸撑平衡

胸撑平衡是以胸部为支撑点的一种平衡姿态。

动作做法

同腹撑平衡，但滚动点高一些，至胸部触地，所以要求柔韧性更好一点。

（六）肩背撑平衡

肩背撑平衡是以肩部和背部为支撑点的一种平衡姿态。

预备姿势　直腿坐。

动作做法

①—④：上体后倒成屈体，两腿向上伸展，以肩、背为支撑点，双臂前举。

教法和要求

1. 先练习有扶持的肩肘倒立，过渡到两手离地前举。
2. 熟练后可做一腿伸直，另腿吸腿或做前后分腿平衡。

易犯错误

髋没有完全展开，使身体与地面不垂直。

（七）站立平衡

站立平衡是以脚为支撑点的一种平衡姿态。

1. 屈膝前举腿平衡

预备姿势　八字步站立，两臂自然下垂。

动作做法

①—②：左脚支撑不动，右腿屈膝前举，大小腿呈钝角，膝盖向外，脚面绷直，同时左臂上举，右臂侧举。

③—④：还原成预备姿势。

教法和要求

1. 单手扶杆练习，体会动作姿态及重心的控制。
2. 基本掌握后，可离把练习，静止时间可由短变长。
3. 熟练掌握后，举腿方向可变化，支撑腿也可提踵立。

易犯错误

1. 支撑腿不直（要求弯曲的除外）。
2. 前举膝时膝盖没有外展，大小腿的夹角太小。

2. 俯平衡

预备姿势　八字步站立。

动作做法

①—④：右脚站立，左腿伸直向后上举起，同时上体保持前屈，抬头挺胸，两臂侧举。

教法和要求

1. 在助力下或把杆上体会动作。
2. 在抬头挺胸的前提下，上体慢慢前屈，后腿高于头部。
3. 动作熟练后，也可做侧举腿平衡或体后屈平衡动作。

易犯错误

1. 上体前屈，不抬头挺胸作后举腿，易造成臀部高于头或腿的姿态。
2. 背肌不紧张，后举腿不高。

§2.7　地上小技巧

地上小技巧动作是幼儿基本体操不可缺少的组成部分。通过小技巧练习，可发展幼儿的灵巧、柔韧和协调性等身体素质，对增强其肌肉力量以及关节的灵活性都有显著效果，尤其对提高幼儿空中辨别方向的能力和平衡能力都有着良好的作用。但它不同于竞技体操的技巧动作那么全面，而是根据幼儿身心的特点，选择一部分小技巧动作来进行练习。

一、半劈腿

预备姿势　直腿坐。

动作做法

①—④：左腿向侧摆至体侧，右腿向内屈膝（外侧着地），脚跟靠近骶骨，同时两臂侧举。

教法和要求

1. 初学者可练习直腿坐撑，一腿向侧滑至体侧伸直，另一腿屈膝内收，两手体前支撑，然后反方向练习。

2. 熟练后可作前、后半劈腿。

3. 不管什么方向，上体要正直，伸直腿不能屈，屈膝腿要尽量内敛。

易犯错误

1. 侧伸腿屈膝，勾脚面。

2. 开髋不够，上体松弛无控制。

二、劈腿（又称纵叉）

预备姿势 蹲撑。

动作做法

①—④：两腿前后分开，脚和脚面绷直，中间骶骨着地。

教法和要求

1. 在采用动态方法伸拉腿部前、后韧带的基础上，进行此练习。

2. 初学时，可在半劈腿基础上练习；也可单腿跪立，另腿前伸，双手体侧撑地，前腿慢慢向前滑行，后腿慢慢伸直进行练习。

3. 熟练后可采用动静结合的方法进行练习，如直角坐，一腿不动，另腿后绕形成劈腿，前后分腿站立慢慢下滑成纵叉等。还可加上体前、后屈动作和各种手臂姿态。

4. 两腿也可向两侧滑行形成横劈腿。

易犯错误

1. 劈腿动作方向不正或抬头挺胸不够。

2. 因韧带紧，骶骨不能完全接触地面。

三、俯卧侧滚动 360°

预备姿势 俯卧，两臂上举。

动作做法

①—④：左肩和左髋同时用力，向左侧滚动 180°形成仰卧。

⑤—⑧：右肩和右髋同时用力，向右侧滚动 180°形成仰卧。

教法和要求

1. 初学时可从跪撑开始，两腿向后伸直，两臂向前伸成俯卧，要求体会全身肌肉紧张。

2. 向侧滚动时，两腿用力并拢，两臂向前远伸并夹紧头部（抬头，下颌稍离地）。

3. 滚动方向可由 180°过渡到 360°，可分解教学，也可连贯教学，滚动速度可由慢到快。

易犯错误

1. 全身肌肉放松无力。
2. 臂、腿用力不匀，造成侧滚歪斜。
3. 脸面（口鼻）触地。

四、屈体侧滚 180°形成跪立

预备姿势　直腿坐。

动作做法

①—②：上体前屈，同时两手抱腿。
③—④：向左侧滚 180°形成屈体侧卧。
⑤—⑧：屈膝向前滚动形成跪立，同时左臂斜上举，抬头挺胸，眼看左手。

做法和要求

1. 助力下做屈体侧滚。
2. 身体折叠要紧，侧滚接跪立要连贯。

易犯错误

1. 由于柔韧性太差造成屈体折叠不紧，影响动作质量。
2. 侧滚不圆滑。

五、分腿坐向侧滚动转体 180°形成分腿坐

预备姿势　分腿坐，两手抱膝外侧。

动作做法

①—②：上体向左前侧倒，经左背、后背至右背侧滚形成分腿坐。

教法和要求

1. 助力下侧滚一次，体会侧倒方向。
2. 两腿伸直，两手抱紧膝盖。
3. 每次动作结束时也可做成半劈腿坐。

易犯错误

造成不能侧滚的原因是上体向侧后倒。

六、臂转 360°

预备姿势　右半劈腿向右侧坐垫，左臂自然下垂，侧撑地。

动作做法

①—④：以臂为轴，两腿经上向右摆，同时两臂也向右摆，转体 360°呈双腿屈膝交叉前点地，两臂上举。

教法和要求

1. 在助力下体会动作，可先转 180°再转 360°。

2. 借助右手撑离地面及两腿、两臂的侧摆力量,先使臀部在地面转动180°,体会三种力量的巧妙配合。

易犯错误

三种力量配合不好,使臀部不能转动,或转动不到位。

七、腹转360°

预备姿势 俯卧,体后屈,两臂上举。

动作做法

①—②:以腹部为轴,左手撑地,使上体向右转动360°。

教法和要求

1. 在助力下体会转动的用力大小。

2. 转体过程中,上体和腿不能下落,腰背肌紧张用力,使身体尽量后屈,腹部与地面的接触点越小越好。

易犯错误

1. 腰腹肌力量太差,使腹部与地面的接触点太大,影响转动速度。
2. 推手转动与体后屈动作配合不好。

八、前、后滚动

预备姿势 蹲撑。

动作做法

①—②:团身抱紧小腿,低头含胸,上体后倒,经臀、腰、背、肩、头依次着垫的滚动,使臀向上。

③—④:以肩、背、腰、臀依次向前着垫滚动成蹲撑。

教法和要求

1. 蹲撑时臀部紧靠脚跟,前胸紧靠膝关节,两手抱紧小腿,在助力下做前后滚动练习。
2. 上体后倒时切忌先抬头。
3. 滚动时要圆滑、柔和、协调、无振动停滞。

易犯错误

1. 团身不紧,上体后倒时先抬头,影响滚动。
2. 团身太紧,影响各部位依次着垫,也不能滚动。

九、前滚翻

预备姿势 蹲撑。

动作做法

①—④:蹲撑开始,两手撑地,重心前移至两手上,同时提臀,屈臂,低头,含胸,两脚用力蹬地,头后部着地,经肩、背、腰、臀依次着垫向前翻滚,当滚翻至背部着垫时,立即抱小腿起肩,跟上体成蹲撑。

教法和要求

1. 先练习团身前后滚动。

2. 在斜坡上由高往低处做翻滚。
3. 当滚翻至臀部着垫时，两肩一定要主动前移超过两膝。
4. 在助力下体后动作，滚翻要圆滑，方向要正。
5. 熟练后，可在前滚翻结束部分做各种练习。例如：一腿屈，另腿前伸形成纵叉，练腿左右分成横叉等。

易犯错误

1. 头顶着地用力，改变运动方向。
2. 低头前滚时，团身不紧，侧卧于垫上。
3. 臀部着垫后，重心不前移，上体留腿后形成坐在垫上。

十、后滚翻

预备姿势　蹲撑。

动作做法

①—④：蹲撑开始，含胸低头，上体快速后倒着垫，两手屈肘放两侧(掌心向前)，团身经臀、腰、背、颈、后脑依次向后翻滚，当翻至肩颈着地时，臀部上翻，同时两手用力推离地面成蹲撑。

教法和要求

1. 蹲立，两手掌心向前，屈肘在耳侧做团身向后翻滚。
2. 在斜坡上由高处往低处做后翻滚。
3. 助力下完成，要求滚动圆滑，方向正。
4. 练习时强调下颚不高于前胸，大腿不高于腹部(即团紧身体不能松)。
5. 结束时可改变各种姿态，如成跪撑、成分腿坐、成直腿离等。

易犯错误

1. 急于后倒，先抬头后仰，造成不能翻转。
2. 团身不紧，不能依次滚动，所以不能滚翻。
3. 滚动至背肩着地时，过早抬头用力，引起挺胸向上伸髋，破坏滚动的方向。

十一、肩肘倒立

预备姿势　直腿坐。

动作做法

①—④：向后屈体滚动，收腹举腿翻臀，两臂用力撑地，当脚面举至头上方时，向上伸髋，挺直身体，同时两手撑地于两侧(两肘内夹)，形成肘、颈、肩支持的倒立姿势。

做法和要求

1. 做仰卧举腿和屈伸髋关节的练习(高处可悬挂标志物)。
2. 在助力下体会展腹挺髋的动作。
3. 身体与地面垂直，以练习者视线看不见自己脚面为准。
4. 熟练后可改变上举的方向，如半劈腿、侧屈膝、纵劈腿、横劈腿等。

易犯错误

展腹挺髋不够。

十二、经单肩后滚翻成单腿跪撑平衡

预备姿势 直腿坐。

动作做法

①—④：向后屈体滚动，两臂侧举，收腹、举腿、翻臀，向腿下落，经脚尖着地屈膝跪地，左腿上举不动，同时头从左侧方向转出，两手推地，形成右腿跪地、左腿后举的跪撑平衡。

教法和要求

1. 帮助练习者后举腿体会动作。
2. 屈膝同时转头，但要注意屈膝腿与转头方向是相反的。

易犯错误

1. 脚尖触地前就屈膝。
2. 屈膝腿与转头方向一致，造成不能完成动作。
3. 转头要顺势，不能主动用力。

幼儿基本体操教学的原则与方法

教学原则是教学过程客观规律的反映，是在长期教学实践中积累起来的具有普遍意义的经验总结和概括，也是所有参加教学活动的师生都应遵循的基本原则，应贯彻在整个教学活动中。幼儿基本体操的教学要在教师的指导和幼儿的参与下，遵循动作技能形成的生理学规律，有针对性地选择和运用能直接影响幼儿教学效果和教学任务完成的各种措施和办法。

§3.1 幼儿体操教学的基本原则

幼儿基本体操教学，只有根据幼儿的身心特点和学习特点，遵循幼儿基本体操教学原则，并贯彻执行于教学全过程，才能科学有序地完成教学目标。

一、兴趣性原则

兴趣是人对客观事物的一种特殊认识倾向。这种认识倾向总是带着快乐、欢喜和满意的情感体验去认识感兴趣的事物或对象。因此，在幼儿基本体操教学中，激发幼儿的学习兴趣是提高他们主动性与积极性的重要条件，教学内容的选择应具有欢乐感和易吸引幼儿的注意力，以促进他们愉悦地学习基本体操的各种动作，并获得事半功倍的教学效果。贯彻此原则时应注意以下两个问题。

1. 激发幼儿对基本体操的学习兴趣和注意力。兴趣可分为认识兴趣、操作兴趣和创造兴趣。认识兴趣是操作兴趣和创造兴趣的前提，所以，教师在基本体操教学过程中应充分利用挂图、投影及视听材料，启发他们的认识兴趣，在活动中提高操作兴趣，诱导创造兴趣。

2. 游戏活动是提高幼儿兴趣的主要手段，兴趣是学习的向导，因而教师依照幼儿身心特征，在幼儿基本体操教学过程中科学地把基本动作编排成各种各样的游戏活动，通过游戏的方式使幼儿对学习的内容产生兴趣。

二、直观性原则

直观性原则是指尽量利用幼儿的各种感官和已有的经验，通过各种形式的感知来丰富感性认识而获得生动的表象，并与积极思维结合，使其掌握动作技能，发展观察力和思维想象力。实践证明，教学效果取决于幼儿的各种感官进行感知的程度。贯彻此原则应注意以下三个问题：

1. 直观形象化，示范标准化。教师除做好示范动作外，还应该尽量利用各种教具使动作形象化，加深幼儿对动作的印象和感知的清晰度，形成正确的条件反射。

2. 讲解儿歌口诀化。采用生动的口诀和儿歌形式来刻画动作要领，使幼儿听得懂、易领会、记得牢，并且乐于练习，这必然会加快动作学习的速度。

3. 动作学习模仿化。根据幼儿模仿性强的特点，教师可让幼儿观察新学动作的特点、结构及运动

轨迹，或在整体动作中突出某环节所处的位置及相互关系来提高学习动作的质量。

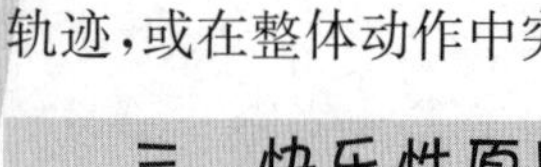

三、快乐性原则

快乐性原则是指以生动、优美的场景，采取娱乐有趣的各种形式，进行幼儿基本体操教学，从而激发幼儿学习的主动性，使幼儿在一个快乐的教学环境中学习知识、掌握技能，达到寓教于乐的目的。贯彻此原则应注意以下三个问题：

1. 创造优雅和谐的教学环境。教学前，教师要精心布置和合理美化教学环境，使幼儿在充满快乐感的气氛中去学习，从而激发他们的学习欲望。

2. 设计生动活泼的活动方式。幼儿注意力和持久力是瞬间变化的，它随着教学场景和活动方式及内容的改变而改变。

3. 教具要充足适宜。幼儿学习基本体操，就动作和形式而言，应避免单调、枯燥，可使他们在欣赏和使用教具的同时，进行动作练习，提高学习效果，在快乐中求发展。

四、科学性原则

科学性原则是教学要以科学理论和学科内容之间有规律的联系作为依据。科学性原则的运用，应遵循人的认识发展规律和人体机能活动规律，从教学内容和方法到活动负荷都应遵循由易到难、由简到繁、由已知到未知的原则来进行科学的安排。贯彻此原则应注意以下三个问题：

1. 在选择教材的内容上，教材的深度和广度及它们之间的内在联系都应符合幼儿年龄、身心特点和接受水平，使他们通过学习与活动能达到预期的教学目的。

2. 在幼儿基本体操教学中，要求知识和技能的培养具有系统性。根据教材内容之间的顺序，以一定的层次结构进行教学，即：前面教学内容是后面的前提，后面的教材是以它为依据；前一个动作是学习后一个动作的刺激，后一个动作是前一个动作的效应。通过这样不间断的循环和积累，才能系统而全面地掌握基本体操的技能。

3. 在幼儿基本体操教学中，要根据幼儿年龄、身体和心理特点去科学地安排生理负荷量，使学习和休息合理交替，通过不断改进教学方法，提高幼儿活动的兴趣，来发展幼儿的体能。

五、身体全面发展原则

身体全面发展原则是指在幼儿基本体操教学中，使幼儿身体的各个部位、各器官系统的生理机能、各种身体素质和基本活动能力都得到锻炼和发展。促使幼儿身体全面发展是幼儿基本体操教学的主要任务，因为幼儿的身体正处在生长发育的重要时期，可塑性大。选择多种多样不同性质的身体练习，以保证全面协调地发展有机体的形态和机能。

人体是在大脑皮层统一调节下的有机整体，身体各部位、各器官系统的机能、各种基本活动能力和身体素质之间是互相联系、互相制约的，身体某一方面得到锻炼和发展，也影响身体其他方面的发展，从而使身体能互相促进，共同提高，这对幼儿尤为重要。贯彻此原则应注意以下两个问题：

1. 制订幼儿基本体操教学计划（学期计划、周计划、日计划、课时计划等）时，必须使各项内容合理分配，各项活动内容之间互相搭配，尽量保证全面锻炼幼儿身体。

2. 基本体操教学中要考虑教学形式和方法多样化，避免长时间进行单调的一种姿势活动，要考虑身心和谐地发展。

§3.2 幼儿基本体操的教学方法

幼儿基本体操的教学方法是指在教学过程中完成教学任务的途径或手段。教学方法是根据教学任务、内容、对象及具体条件来确定的，在幼儿基本体操活动中，所运用的教学方法必须符合幼儿的身心发

展特点，有效促进幼儿身体全面发展。

一、直观法和语言法

直观法与语言法就是通常讲的示范与讲解法，它们在建立动作感念和掌握动作技能方面起着重要作用。

(一) 讲解

讲解是运用语言法教学的一种重要形式，教师在教学时用语言向幼儿说明所学动作的名称、要领、做法及要求，讲解时应对幼儿进行启发，鼓励幼儿积极思维。应用讲解法时应注意以下四个问题：

1. 讲解要有重点，针对性强。

2. 讲解内容要正确，符合幼儿的接受能力和理解能力。

3. 讲解应注意启发幼儿积极思维。讲解要富有感情，声调、口令、表情、节奏要有变化，有时要伴以手势和动作。讲解时语言要简明、形象、生动。

4. 注意讲解的位置和时机。

(二) 示范

示范是教师(或幼儿)用具体动作作为范例或演示的直观教具，使幼儿了解要学习的动作形象、方法和要领。正确示范不仅能使幼儿建立正确的动作表象，还可以提高幼儿的兴趣。示范时应注意以下三个问题：

1. 示范要有明确目的。

2. 示范要正确，力求熟练、轻快。高质量的示范常会引起幼儿惊异、羡慕和激动的情绪，继而会跃跃欲试，积极模仿。

3. 要引导幼儿观察示范，发展幼儿的观察能力，这对幼儿正确地观察动作、发展幼儿的认知能力具有重要意义。

讲解和示范还必须结合运用，使直观与思维相结合，在生动的直观教学中引导幼儿思考。抽象的思维是以具体形象为依据的，两者相互促进，不可分割。讲解和示范要根据教学要求、教材特点及幼儿具体情况有所区别。

二、完整法和分解法

完整法是将动作一次完整地教授给幼儿，从开始姿势一直到结束，不分部分、不分环节地完成。其特点是便于掌握动作的完整概念，但不易掌握动作中较难的环节。

分解法是将某一动作分成几个部分，按部分依次教给幼儿，然后联结成整体。此方法特点在于简化教学过程，有利于更快、更好地掌握动作的某一部分。

在幼儿基本体操教学中，对一些简单动作(徒手操)可采用完整法，而在学习某些较难动作时或在学习完整动作的过程中，可突出重点，分解某动作的环节，反复练习直到掌握。运用完整法与分解法时应注意以下三个问题：

1. 不太复杂的动作要采用完整法，采用完整法要抓住动作的主要部分。

2. 分解教学要考虑动作技术的结构特点，防止人为分裂。在分解到一定程度之后，应适时采用完整法以迅速形成完整的动作概念。

3. 了解两种方法的优点和不足，针对具体情况，灵活结合使用。

三、练习法

只有多次反复的练习才能形成正确的动作概念，才能掌握动作技能，才能达到增强体质和锻炼意志的目的。因此，在教师指导下，根据教学任务，有目的地重复做一个动作练习是完成教学任务的基本方法。运用练习法时应注意以下五个问题：

1. 目的明确，要求具体，练习中及时给予技术指导。
2. 练习方法要多样化，要提高幼儿的练习兴趣，练习中要分清主次，突出重点。
3. 课的数量、强度、间歇要适合大多数幼儿的体能。
4. 要引导幼儿，把看、听、想、说、练结合起来。
5. 注意掌握幼儿的情绪变化，以愉快、放松的情绪去参加活动，掌握动作。教师在教态、教法、练习方法等方面所采取的措施，要引起幼儿的学习兴趣，激发幼儿欢乐愉快的情感，以提高练习的效果和质量。

四、保护与帮助法

在幼儿基本体操活动中，由于幼儿自身控制能力和协调能力差，神经、肌肉、感知觉系统都处在发育过程中，方位知觉不及成长程度。因此，练习过程中还需要采取保护和帮助来加快动作的掌握。通过具体的保护与帮助，可以减轻幼儿的生理和心理负担，消除神经的紧张情绪，从而有助于形成正确完整的动作概念，缩短掌握动作的时间。运用保护与帮助时应注意以下三个问题：

1. 应根据动作特点，选择最适当的位置。
2. 保护与帮助的方法要正确，手法要熟练。
3. 创造条件，自制保护器材。

五、音乐律动法

在幼儿基本体操活动过程中，结合幼儿的年龄和身体特点，选编一些美妙动听的音乐和儿歌，使幼儿在良好、快乐的场景条件下，在一个动态的过程中，把身体充分动员起来，学习动作，掌握动作技能，提高幼儿的节奏感、韵律感及艺术审美感。运用音乐韵律法教学时应注意以下两个问题：

1. 音乐选用应适合幼儿特点。
2. 动作与音乐节拍要配合。

六、模仿法

模仿法符合幼儿爱模仿的心理特点，是幼儿感兴趣和内心容易接受的一种教学方法。教师根据各种基本体操动作，选择幼儿熟悉并感兴趣的形象来进行练习，有利于幼儿正确掌握动作，如模仿兔子跳来学习双脚连续向前跳等。可见，模仿是幼儿进行基本体操活动时直观教学的生动体现。运用模仿法时应注意以下三个问题：

1. 教师模仿的动作要形象逼真。
2. 模仿动作应是幼儿所熟悉的。
3. 要考虑能否全面发展幼儿的身体。

七、游戏法

游戏法是指以游戏的方式组织幼儿进行练习的方法。它是重要而有效的教学方法之一。因为游戏是幼儿的主导活动，也是最喜欢的一种活动方法。年龄越小，游戏法在练习中占的比重越大。游戏法的突出优点是能激发幼儿兴趣，充分发挥幼儿个人的主动性和创造性，有效地开发幼儿的智力和培养幼儿优良的道德品质。运用游戏法时应注意以下三个问题：

1. 根据教学任务要求来确定具体的游戏内容。
2. 要有一定的负荷量。
3. 全体幼儿都有大体相同的活动机会。

八、竞赛法

根据教学任务的要求，提出竞赛具体条件，在比赛的情况下进行练习。比赛的主要特点是带有竞争

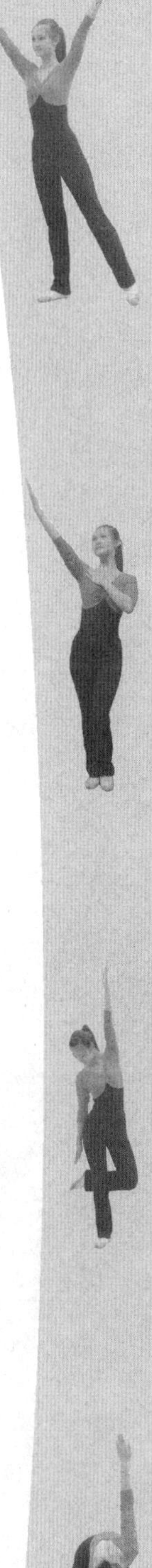

性，幼儿情绪高涨能促使幼儿尽量发挥体能，能培养幼儿的进取心。通过竞赛法有利于激发幼儿的练习积极性，提高练习强度和培养幼儿意志品质、竞争能力和集体主义观念。

比赛法有个人比赛和小组比赛，可根据教学任务和教材性质，灵活运用比赛的方式和方法。因比赛方法通常是在幼儿已熟练掌握了动作的情况下运用，所以在运用时一定要提出具体要求。在分组比赛时，各组力量要均等，要有裁判公正评判。另外，运用竞赛法易使幼儿兴奋、激动，容易出现个人道德品质和意志品质问题，教师应不失时机地向幼儿进行有针对性的教育。

运用竞赛法时应注意以下三个问题：

1. 加强准备工作，严格执行规则。

2. 控制活动负荷量。

3. 要根据参赛幼儿的具体情况来选择竞赛内容与形式。

§3.3　幼儿基本体操的基本术语

术语是指各领域各学科中的专门用语。幼儿基本体操术语是幼儿体操理论和技术等方面的专门用语，其文字简练，且含有特定的信息，是传播交流幼儿体操信息不可缺少的工具。

正确运用幼儿体操术语不仅有利于幼儿基本体操教学的顺利进行，而且对幼儿基本体操的普及和提高、幼儿体操科学研究、幼儿基本体操理论的规范和发展都有着重要意义。

基本体操术语不是对幼儿体操动作过程的“描绘”，而是确切说明和界定动作结构特点的名称。对幼儿基本体操术语有三个要求：正确，即要确切地说明动作的性质和形式；简练，即语言要简明；易懂，即要使人容易理解。

一、描述动作姿势的术语

动作姿势的术语主要引用体操上的基本用语。

1. 立：指人体站立的姿势，如直立、并立、开立、点地立和起踵立等。

① 直立：与立正基本相同，但五指并拢伸直。

② 并立：与直立相同，但两脚并拢。

③ 开立：两脚左右分开同肩宽。其他开立(如大、小、前后开立等)应特别指明。

④ 点地立：一脚侧出脚尖点地、重心落在另一腿上的立，如前、后点地立等。

⑤ 起踵立：两脚跟提起。

2. 蹲：指两膝并拢同时屈膝的一种姿势。成蹲时，一般指两腿并拢，全脚掌着地。

① 全蹲：大腿与小腿夹角小于 45°。

② 半蹲：大腿与小腿夹角约为 90°。

3. 跪：指膝盖与小腿前面着地，两腿并拢，上体与地面垂直。其他(单膝跪立等)应特别指明。

4. 撑：指两手支撑在地上的姿势，如俯撑、仰撑、侧撑、蹲撑、跪撑等。

5. 弓步：指一脚向某方向迈出一大步，膝关节弯曲呈 90°左右，另一腿伸直，上体正直，如前、后、侧弓步等。做弓步时，一般全脚掌着地。

6. 劈腿：指两腿分开呈 180°的一种姿势。如左右劈腿、前后劈腿和半劈腿(一腿伸直，另一腿弯曲)。前后劈腿时必须指明哪条腿在前，如右腿在前的前后劈腿。

7. 坐：指坐在地上或器械上的姿势，如直角坐、跪坐(有单腿和双腿之分)。

8. 卧：指人体在地面上躺着的姿势，如俯、仰、侧卧等。

9. 倾：指身体偏离垂直面又不失去平衡的姿势。

10. 平衡：指以身体某(些)环节支撑地面，保持一定时间的静止姿势，如单脚站立的俯平衡、侧平衡、搬腿平衡等。

11. 桥：指身体背向地面，手和脚支撑成弓形的一种姿势。

12. 举：指四肢移动范围不超过 180°而停止在某一部位的动作，如前、侧、上、后、侧上、侧下、斜前上、后斜下等。做前举、上举、后举，以及中间方向的举时，一般掌心相对；做侧举或侧下举时，一般掌心向下。

13. 屈：指关节角度缩小或弯曲的动作，如两臂肩侧屈、体前屈等。

14. 伸：指关节角度扩展或伸直的动作，如伸臂、伸腿等。

15. 绕：指关节某环节做大于 180°小于 360°的弧形动作。绕的方向由动作的开始姿势与身体的关系而定。绕时应指明结束姿势，如立正姿势开始两臂向内绕至侧举。

16. 绕环：指身体某部位做 360°或大于 360°的圆形动作。绕环的方向与绕的要求相同。例如，由立正姿势或两臂上举姿势开始，可做两臂向前绕和绕环、向后绕和绕环、向上绕和绕环、向内绕和绕环；由两臂侧举姿势开始，可做两臂向下绕和绕环、向上绕和绕环。

17. 波浪：指身体某部分相邻的关节顺序做屈伸的动作，如手臂波浪、身体波浪和跪波浪。

18. 踢腿：指腿由下向各个方向做加速摆动的动作，如前踢腿、侧踢腿、后踢腿等。

二、描述基本方向的术语

为了提供人体在场地上或运动时的方向参考，以人体面向场地正前方站立时为基础参考点。主要有以下基本方向术语：

1. 前：胸部所面对的方向。向此方向发生的位移为向前。
2. 后：背部所面对的方向。向此方向发生的位移为向后。
3. 侧：侧肩所面对的方向。向此方向发生的位移为向侧，分为左侧、右侧。
4. 上：头顶所面对的方向。向此方向发生的位移为向上。
5. 下：脚底所面对的方向。向此方向发生的位移为向下。
6. 左前：前和左侧的中间 45°的方向。反方向为右前。
7. 左后：后和左侧的中间 45°的方向。反方向为右后。
8. 顺时针：转动过程与时针运动方向相同。
9. 逆时针：转动过程与时针运动方向相反。

三、描述运动方向的术语

这里的运动方向是指身体各部位运动的方向，运动方向一般是根据人体直立时基本方位来确定。以上基本方向术语中提到的 9 种方向都适用于身体部位运动的方向。补充如下：

1. 中间方向和斜方向：指两个基本方向之间 45°的方向。例如：侧上、前下。
2. 向内：指肢体由两侧向正中线的运动。
3. 向外：指肢体由正中线向两侧的运动。
4. 同向：指上肢和下肢向同一方向运动。
5. 异向：指上肢和下肢向相反的方向运动。

四、描述动作连接的术语

在描述一个连续动作过程时，借鉴了体操中的术语用于表达动作之间的连接关系及动作顺序。

1. 由：指动作开始的部位。
2. 经：指动作过程经过的位置。
3. 成：指动作完成后的结束动作。
4. 至：指动作必须达到某一定位置。
5. 接：两个单独动作的连接。

五、描述动作之间的相互关系术语

在描述两个或多个肢体部位动作时，用于表达各个动作之间的相互关系及动作联系。

1. 同时：不同部位的动作在同一时间完成。
2. 依次：肢体或不同个体相继做同样性质的动作。
3. 交替：不同肢体或不同动作反复进行。
4. 同侧：与最初开始动作的肢体同一方向的上下肢动作配合。
5. 异侧：与最初开始动作的肢体不同方向的上下肢动作配合。
6. 对称：左右肢体做相同动作但方向相反。
7. 不对称：左右肢体做不同的动作。

六、描述移动的术语

移动术语指身体根据参考点所产生的位移。这里借鉴了健美操运动中的术语。主要有以下术语：

1. 原地：无位移，指幼儿基本体操运动中完成一个脚步动作或步伐后回到原地。
2. 移动：身体向某参考点运动所产生的位移。
3. 转体：身体绕垂直轴转动一定的度数。例如：转体 90°或 180°。
4. 绕圈：以身体某一点为轴心、以一定距离为半径所形成的圆。

七、描述运动轴与面的关系术语

人体运动时包含了轴与面的关系，如单臂体侧大绕环就是手臂围绕额状轴（肩轴）在矢状面上的运动。

1. 矢状轴：俗称前后轴。前后平伸与水平面平行，与额状面垂直的轴。
2. 额状轴：俗称横轴。左右平伸与水平面平行，与矢状面垂直的轴。
3. 垂直轴：俗称纵轴。与人体长轴平行，与水平面垂直的轴。
4. 矢状面：沿身体前后径所做的与水平面垂直的切面。矢状面将人体分为左右两半。
5. 额状面：沿身体左右径所做的与水平面垂直的切面。额状面将人体分为前后两半。
6. 水平面：横切直立人体与地面平行的切面。水平面将人体分为上下两半。

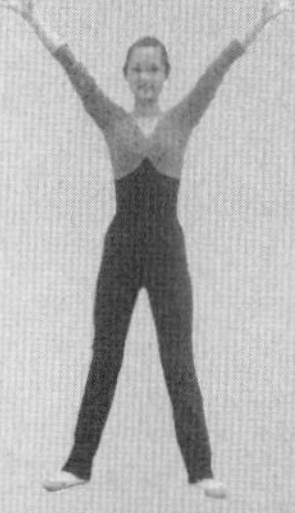

幼儿基本体操的编排

幼儿基本体操是根据我国建设和培养未来接班人的需要，并结合幼教工作情况，从基层发展起来的一项幼儿大众化体操项目。目前在幼儿园和社会上得到广泛的认可，并日益向整个社会普及，在动作编排上也越来越新颖、巧妙。一套操编排得好坏，直接影响到运动成绩，所以这就要求教师和教练员在编排动作过程中要考虑幼儿的具体情况和客观条件及其他各种因素，不断提高编排动作的能力，使我国幼儿基本体操水平更上一层楼。

§4.1 幼儿基本体操的编排原则与要素

一、编排原则

（一）根据幼儿身心特点，全面锻炼身体

在编排时，首先要考虑到幼儿基本体操的目的是增进健康，促进幼儿身体的生长发育，提高和完善幼儿的机体机能和动作技能。所以，在编排过程中就应选择有利于发展身体各部位的灵活性、柔韧性和协调性的动作，并选择适合幼儿年龄和身体特点的体操技巧动作和舞蹈动作，切忌选择难度过大的技巧动作。

（二）根据表演规程和规则要求

在编排成套幼儿基本体操动作时，必须根据规则所规定的动作内容、数量、时间、场地、音乐及其他因素进行编排。

（三）根据本队实际情况，突出表演风格

在动作的编排上，一要求实事求是，综合考虑幼儿的身体因素条件、动作技术基础、接受能力等方面，再决定创编动作的难易程度；二要根据本队的特点，扬长避短，突出自己的特色。例如：队员身材修长，多选幅度大、舒展优美的动作；若全队的柔韧性很好，就应在做操、踢腿、平衡或技巧动作上表现出肩、胸、腰、髋的灵活性和柔韧性。

（四）注意运动负荷的合理安排

心率是检查心脏机能的重要指标之一，也是评估负荷量的参照指标。运动强度、密度和运动量是影响心率的三个重要因素。经专家测试，完成一套表演幼儿基本体操女孩的最高心率在 159～189 次/分钟内。表演结束后 1～2 分钟内，有 73%的孩子心率可以恢复到表演前的水平。因此，合理的运动负荷才能使幼儿达到锻炼身体的效果。

（五）根据音乐创编动作

教师应在熟悉、理解音乐的基础上，根据音乐的风格和情调的不同来设计编排成套动作，使动作与音乐充分融合在一起。

（六）遵循体育美学的形式美法则

形式美法则是根据人类运用形式规律创造美的形象的经验总结。整齐、层次、和谐、对比、均衡、节奏、多样和统一等都是形式美的表现形式，在编排幼儿基本体操成套动作时必须遵循这一美学规律。在成套动作编排中，技巧动作和舞蹈动作要均衡合理地布局，动作节奏的快慢和力度的强弱等都要用对比的方法表现出来。整齐、和谐、层次这些表现形式在编排中尤为重要，因为幼儿基本体操动作的表演，是通过队形的变化和移动表现出来的。队形、图案的层次感、动作的整齐划一以及音乐、动作与队形的和谐统一，使整套动作充满艺术魅力。

二、编排要素

（一）时间

无论是编排教学或是表演的成套动作，都要受一定的时间限制，要在相应的时间内完成所编排的动作内容。编排教学动作的时间选择比较灵活，可长可短，而编排正式的表演动作的时间，必须严格按照规则所规定的时间进行，时间超过或不足，均要扣分，这是一个不能忽视的问题。

（二）人数

根据表演任务的不同，人数可多可少，按规则要求的人数，男女均等或不等。

（三）场地

根据场地的条件来选编和设计队形，要充分利用场地。

（四）队形

队形的变化是幼儿基本体操的重要组成部分之一，队形的数量按竞赛和表演规程上所规定的数目来设计。丰富多彩的队形变化能很大程度地提高操的表现力和感染力，所以，一套操的队形变化是非常重要的。

（五）音乐

这是幼儿基本体操的灵魂，音乐不仅仅是同一动作的信号和节拍器，而且能促使幼儿更具表现力地去完成动作，使幼儿基本体操更具有感情色彩，并烘托操的主题内涵和风格特点。往往一首动听的音乐可以激发创编者的创作热情和灵感，使音乐与动作相互交融、和谐统一。

（六）动作

一套幼儿基本体操动作由几十个单个动作组成，是编排操的主要要素，没有动作就没有操，所以，动作是表现幼儿发育情况、身体素质水平、运动技能以及艺术表现力的综合要素。

§4.2　幼儿基本体操编排的结构与要求

一、编排的结构

幼儿基本体操在编排结构上通常分为三个部分：入场、主体部分、退场。

（一）入场

它是一套操的前奏曲。入场的动作设计、方向和队形排列都要与主体部分自然巧妙地衔接，入场形式设计的优秀与否是操能否获得成功的重要因素之一。

（二）主体部分

它是操的核心部分。在操的设计上还可以把它分为开始、中间、结束三个环节。难度动作、队形变

化及运动量等都要科学合理地分配在每一部分中。对于主体部分动作，要严格按照表演规则的要求去编排设计，使整套操丰富多彩，突出基本体操的特点，体现幼儿天真活泼的特性。同时，还要注意到选编的动作是否具有全面锻炼身体的价值，动作组合连接是否巧妙自然，难度动作分布是否合理，动作是否新颖优美，队形变化是否整齐多样，只有这样，才能保证操的质量。

（三）退场

它是宣告操的结束，退场时不仅要求动作整齐一致，而且要求动作新颖优美，形式多种多样。

二、编排的要求

（一）动作编排要新、巧、美

新动作、新连接和队形是取得成功的因素之一。巧妙、有新意的连接往往使人有意想不到的效果，但同时也不能忽视动作的美感，否则将美中不足。

（二）动作难易分布要合理

在成套动作中，复杂动作与简单动作要交替出现，尤其在动作连接上要难易搭配。规则中规定的动作要合理分布在成套动作中，切勿将技巧动作编排在同一图形上，否则不仅有损队员体力的分配，而且使操有偏重感。

（三）成套动作要高潮迭起，动静结合

一套操的表演如果没有高潮，没有值得让人回味的地方，这将是不成功的。因此，在编排中一定要注意动作节奏的变化、快慢、动静结合及高潮出现的时间、次数等，这些都是编排技巧上的重要体现。高潮是由典型的新颖动作、别具一格的连接、规定动作的独特做法、高质量完成动作以及音乐与动作巧妙结合等形成的。一套操的动静、高低、聚散等变化形成的鲜明对比，可提高操的艺术效果。

（四）队形变化井然有序，和谐流畅

规则规定一套动作必须有几个队形变化，队员要在地毯上通过各种方向、路线的相互穿插，形成多层次的队形变化和动静相宜的规则和不规则图形。这些队形的变化一定要清晰、简洁、和谐、流畅。

（五）注意视觉效果

在动作编排中，要利用方向、路线的变化，充分展示队员的特长。例如：身体姿势的造型、躯干的曲线、前后踢腿的高度和开度应侧对裁判和观众，把侧向运动的动作（横叉、侧波浪等）以正面展示给裁判，使人能轻松、舒适地体会到动作的美感。

（六）音乐与动作和谐统一

动作要根据不同的音乐风格和情绪来创编，动作的力度要与音乐的力度相符，使动作体现音乐，音乐烘托动作，两者相融，和谐统一。

§4.3 成套动作编排的步骤与方法

一、成套动作的编排步骤

成套动作的编排是一项复杂而富有创造性的工作，是一个反复的、较长的过程。它大致可分为：构思阶段、选择音乐阶段、设计动作框架阶段、落实具体动作阶段、修改完善阶段。

（一）构思阶段

编排动作首先要根据任务、对象特点及当今流行趋势进行设想，其中包括对音乐的设想、队形变化

的设想和成套动作风格的设想等。

（二）选择音乐阶段

在编排动作之前，选择和确定音乐是十分必要的，音乐是构成成套动作整体艺术的重要部分。选择的音乐一要有特点，节奏的速度变化要适合基本体操；二要能够激发创编者的创作激情，促进创造性的思维和想象。音乐基本确定以后，可以根据整体动作的构想来剪辑和选编，有条件的可以利用“MIDI”重新制作，这样效果最好。

（三）设计动作框架阶段

根据表演任务的要求、编排原则和音乐的风格特点等设计出成套动作的核心部分，如开场结尾的设想、表演的风格、高潮的设置以及主要队形的设计，要先在脑海中有一个初步的动作框架。

（四）落实具体动作阶段

在框架的基础上，把经过精心选择和设计的动作安排进去，使每个动作的做法、方向路线、动作之间的连接技巧，以及音乐与动作的协调配合都基本合理，并恰到好处地构成一套完整的操。

（五）修改完善阶段

这是一个再创编过程，需要一丝不苟地进行修改和完善，从成套的动作、路线、队形变化、音乐配合、场地使用及动作方向、角度是否有利于表现动作的幅度和美感效果等方面去发现、衡量。通过练习——修改——再练习——再修改……如此多次反复，力求达到完美境界，这必须是在教师和队员的共同努力下完成。

二、编排方法

1. 首先要选择好音乐。选好音乐后要反复理解音乐的主旋律、风格、结构和高潮，计算好时间和节拍数，在实际练习中不合适的地方可进行音乐剪辑或删节动作。

2. 在理解音乐的基础上将音乐、动作、队形巧妙结合，根据音乐结构，把动作和队形配进相应的乐段和乐句中，千万不可牵强、凑合。

3. 图文记写。用文字记述动作的做法，再用图示描绘各种队形的图案及每个队员的移动路线，这样便于记忆和排练。

4. 设计方案经过反复修改和调整，最终确定后就可投入全套动作的训练，这时，最好对动作不要做大的改动，主要是熟练动作和提高动作质量。

§4.4　锻炼性幼儿基本体操的编排

锻炼性幼儿基本体操（普及性幼儿基本体操）的目的是促进幼儿身体的正常发育，培养幼儿身体的正确姿势，增进幼儿体质健康水平。因此，编排锻炼性幼儿基本体操，必须遵循幼儿身体发育的客观规律和体育锻炼的科学性原则，动作要全面，难度由浅入深，速度由慢到快，运动强度和运动量由小到大。

一、全面锻炼幼儿身体

编排锻炼性幼儿基本体操，不仅要包括增强幼儿各肌肉群的力量、关节的灵活性和柔韧性等各种不同类型的动作，而且还应考虑到上肢、下肢和躯干等身体各部位上、下、左、右、前、后不同方向的交替活动。一般锻炼性幼儿基本体操，既要有上肢动作，也要有下肢动作，并注意上、下肢动作的结合；既有前屈动作，也要有后屈动作，并要注意前、后屈动作相结合；既有左侧屈（或转）的动作，也要有向右侧屈（或转）的动作，以及左、右屈（或转）动作相结合；另外还有动静结合，以动为主；紧张与放松动作相结合，以

便使幼儿身体肌肉做功与休息得到合理交替，使幼儿体质健康水平同步提高。

二、合理编排操的顺序和活动量

根据幼儿身体机能的生理规律，合理编排锻炼性幼儿基本体操的动作部位顺序和活动量，才能有效提高幼儿身体机能水平。通常情况下，锻炼性幼儿基本体操是由离心脏较远、活动量较小的上、下肢运动开始；中间则由胸部、体侧、体转和腹背等动作来逐渐加大动作的幅度和活动量；然后转入较剧烈的、活动量最大的全身运动和跳跃运动；最后以整理运动和放松运动结束。

每节操的重复次数应根据幼儿的实际情况和任务的需要来确定。幼儿园小班操一般是每节四四拍，中班、大班操一般是每节二八拍。现将整套操的编排顺序列表，如表4－4－1所示。表4－4－2给出各年龄段幼儿基本体操的难易特点和编排内容。

表4－4－1　锻炼性幼儿基本体操动作的编排顺序

编排顺序	节　数	运动部位	操节名称	运动形式	编排注意问题
操的前部	2～3节	头颈部 上肢 下肢 四肢	头(颈)部运动 上肢运动 伸展运动 下蹲运动 踢腿运动 下肢运动 四肢运动	屈、转、绕环 举、屈、伸、绕 绕环、振、摆动、波浪形动作 举、踢、蹲、摆等 上下肢配合	动作要求伸展、柔和、加深呼吸 踢腿运动要轻快有力 上下肢配合要协调
操的中部	2～4节	躯干	扩胸运动 体前后屈运动 体侧运动 体转运动 腹背运动 体绕环运动	含胸和展胸 前、后屈 向左、向右转体 绕环，波浪形动作	这是整套操的重点动作，幅度要大，注意欲下先上，一左一右设计动作，采用中等速度
操的后部	2～3节	全身	全身运动 平衡运动 跳跃运动	弓箭步加手臂、躯干部位的各种动作 立卧撑 平衡 跳跃	这是整套操的高潮，要使全身主要部分都参加活动，活动量要大，有起伏，有难度
操的最后	1～2节		整理运动 呼吸运动	放松	一般采用两个八拍，口令要缓和，使全身逐渐恢复到平静状态

表4－4－2　各年龄段幼儿基本体操内容编排参考表

班级	特点(难易度)	内　容
小班	以模仿操为主，辅以徒手操，每套3～6节，每节四四拍或二八拍	动物模仿操、游戏模仿操、徒手操、拍手操等
中班	以徒手操为主，辅以模仿操，轻器械操，每套6～7节，每节二八拍	徒手操、拍手操、劳动模仿操、手铃操、“可乐罐”操等
大班	以轻器械操为主，辅以模仿操、徒手操，每套7～8节，每节四八拍	球操、棒操、运动模仿操、韵律操、健美操等

§4.5 幼儿基本体操的队形选择与应用

一套表演性幼儿基本体操是由许多单个动作与队形的变化所组成。按规则要求，一套动作除入场和退场外，至少有4次队形变化，但在实际表演比赛中的队形变化大都在7～10次。通过基本体操与技巧动作的巧妙结合以及合理的队形变化，使幼儿基本体操跌宕起伏，活泼流畅，呈现出鲜明的表现效果和观赏价值。同时，队形的多样变化，对幼儿的智力发展和培养集体主义协作精神有着良好的促进作用。

一、入场队形

(一) 入场队形的意义

入场是表演前的亮相，每个队员都要体现出良好的精神风貌，给裁判和观众留下美好的第一印象，为取得优异成绩打好基础。

(二) 入场队形

入场队形是表演前的预备式，为了更快进入表演队形，一般用三种方式迅速进入表演部分。

1. 一种是密集队形入场，表演音乐开始，用几拍的节奏跑成表演队形，然后做操。

2. 另一种是分散队形，进入场内即成表演队形，稍加停顿，音乐起动作开始。也有进场用队形穿梭变化而形成表演队形，这种方法给人以与众不同的清新之感。

3. 再一种是入场后组成造型图案，音乐开始，造型停顿2秒，再变换队形。

(三) 入场队形的要求

1. 按规则要求队员用16～20秒的时间，完成从场外进入场内的预备工作和队形，停顿2～4拍开始表演。

2. 入场要紧凑、流畅。

3. 动作简洁、整齐、不宜复杂。

4. 入场最好用音乐，不要用呼拍子或在呐喊声中入场。

5. 入场队形尽量做到新颖，别具一格。

(四) 入场队形范例

各种入场队形范例如图4-5-1所示。

二、表演部分队形的选择与应用

(一) 队形的种类

1. 散点队形：表演部分的散点队形如图4-5-2所示。

2. 直线队形：表演部分的直线队形如图4-5-3所示。

3. 带角队形：表演部分的带角队形，如图4-5-4所示。

4. 圆形及弧形队形：表演部分的圆形及弧形队形，如图4-5-5所示。

5. 综合队形：表演部分的综合队形如图4-5-6所示。

(二) 队形变化的方法

队形变化的方法一般可归纳为以下五种。

1. 直接变化法：从一个队形直接变化成另一个队形，这是最简单易行的方法，也是变化最快的一种方式。如从直线队形变成平行线队形，三角形队形变换后成圆形，由集中队形变成散点队形等，分别如图4-5-7所示。

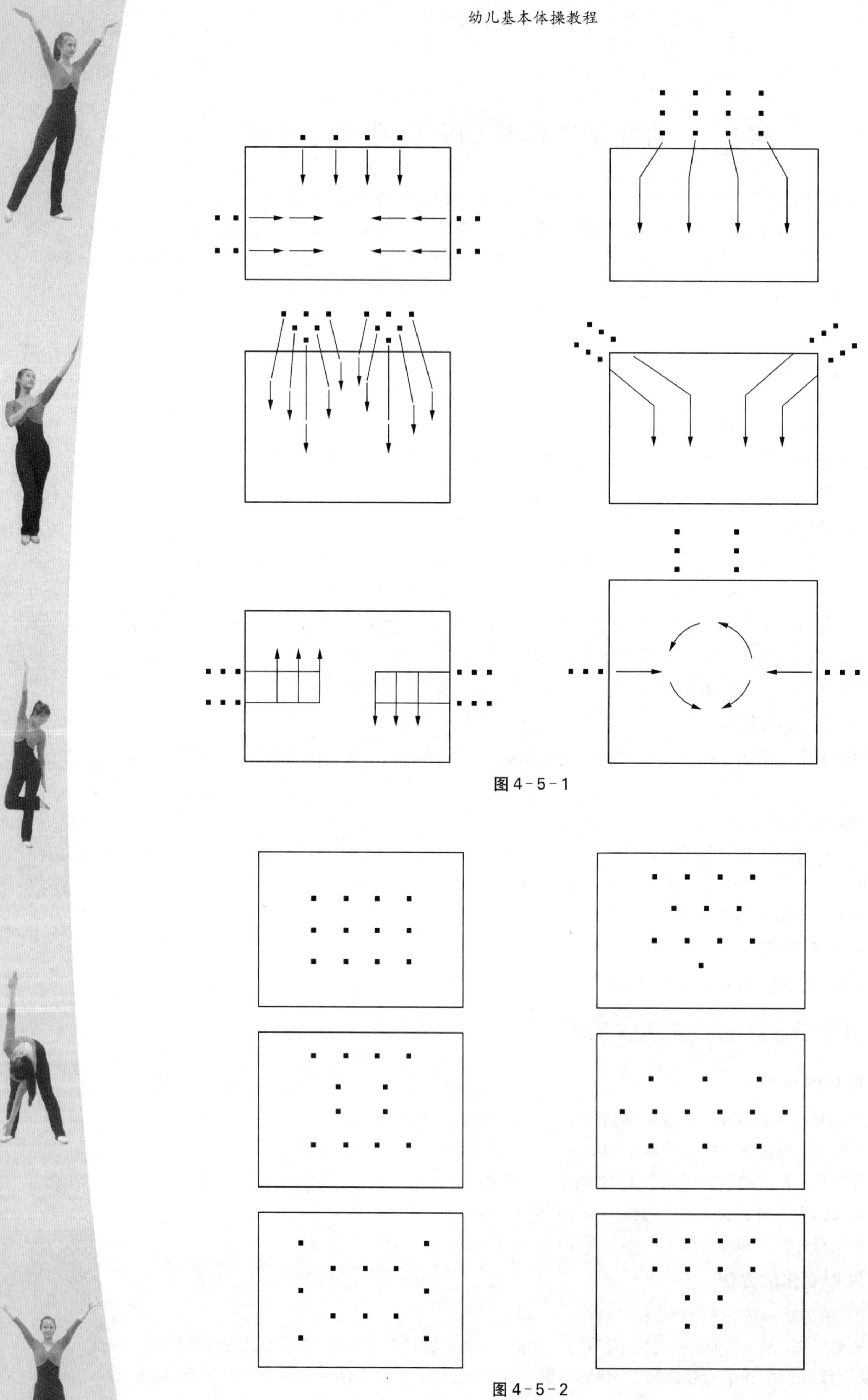

图 4-5-1

图 4-5-2

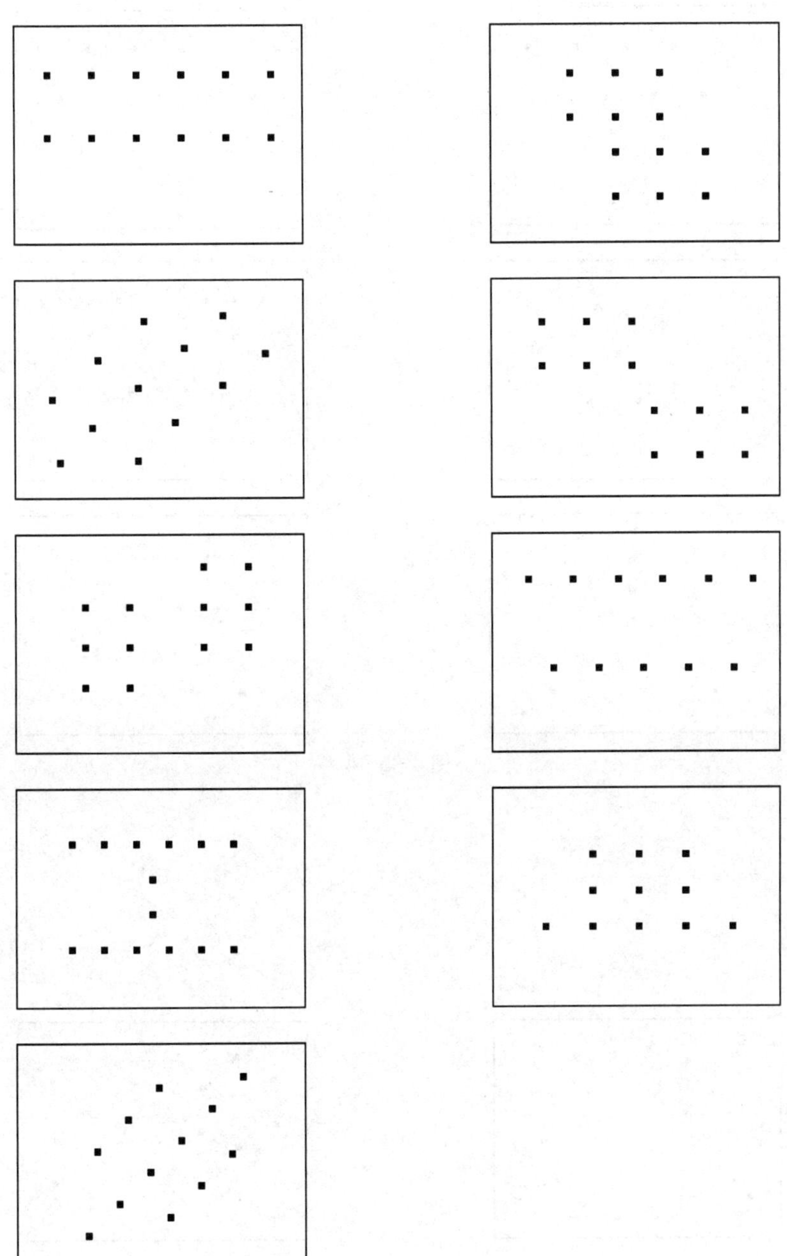

图 4-5-3

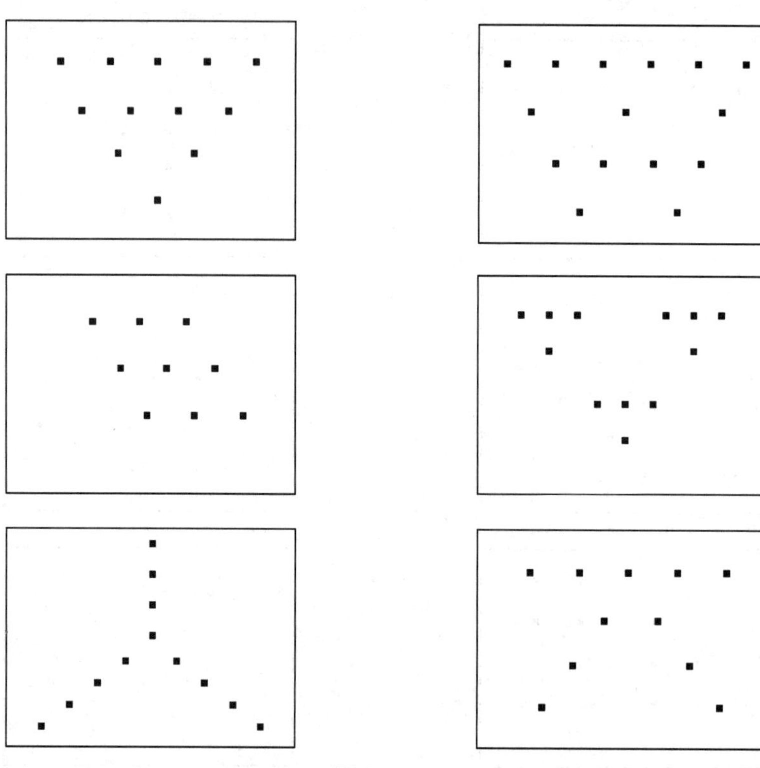

图 4-5-4

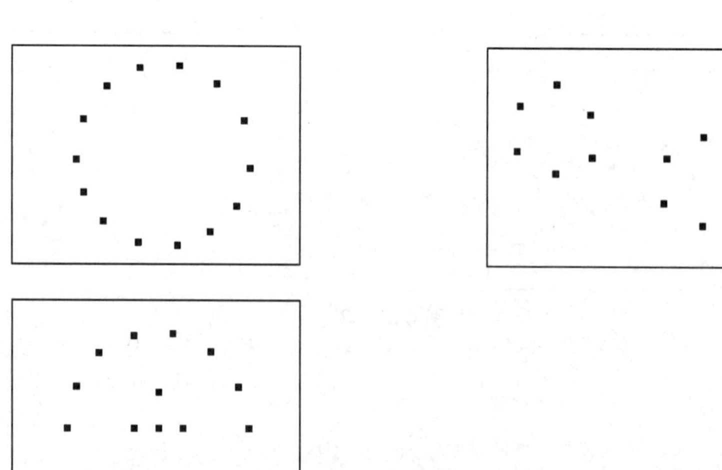

图 4-5-5

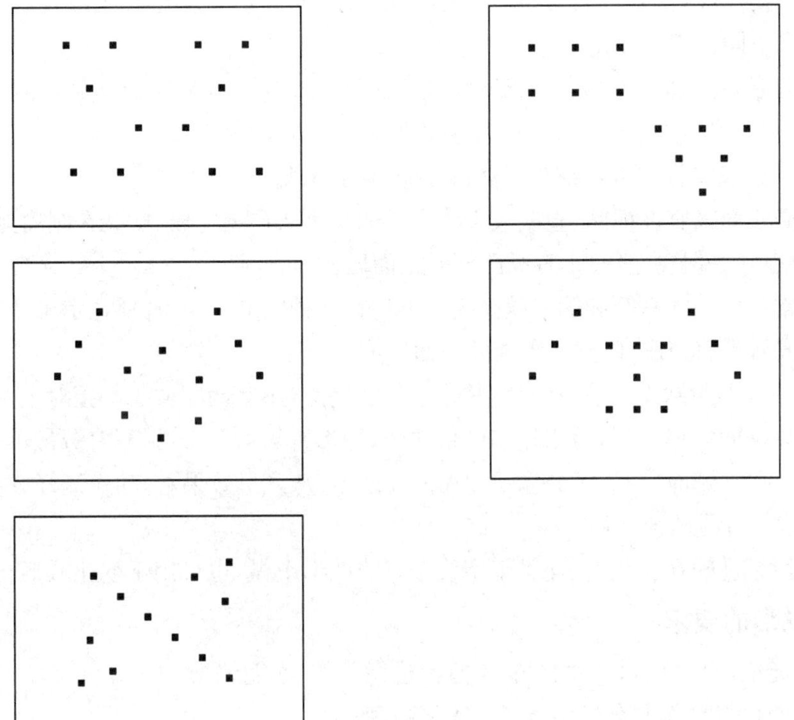

图 4-5-6

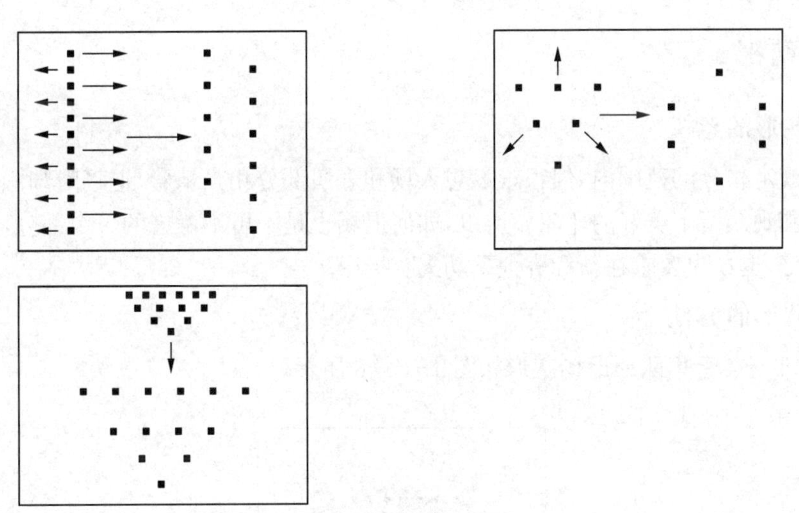

图 4-5-7

2. 合并法：将散点、小队形合并成密集或大队形。

3. 交叉法：纵队或横排间的交叉换位。

4. 先分散再集中的变化：一个队形经过不规则的移动先分散，然后即出现一个新的队形。

5. 边移动边变化：从一个队形通过队形移动有规则地很快变成另一个队形。例如：从一大圆形经过小圆形按顺时针方向移动变成一大直线队形，这种变化会使人感到队形的变化有条不紊，合理并且自然。

（三）队形的合理运用

一套幼儿基本体操的成功与否，队形变化和移动起着重要的作用。队形变化新颖美观，合理流畅，便可衬托动作的情绪和气氛，产生良好的空间立体感。例如：排散点或直线队形时，可做整齐划一的动作，使人感到清晰、有力度；排密集三角形队形时，可做一些整齐且节奏性较强的动作，显示出奋勇向前的集体的力量；圆形或曲线形队形则给人一种柔和、流畅之感；而不规则队形会使人感到活泼、生动。所

以,在编排中要了解各种队形的特点和与动作的相互关系,使队形与动作有机结合,让不同的队形运用不同的动作表现出不同的艺术效果。

在合理运用队形的同时,一定不能忽略要根据不同动作的特点,来选择其显示面,使队形、动作、音乐三者和谐一致,给人以美的享受。下面来举例说明。

1. 徒手操:它一般安排在散点或直线队形上做,看起来整体、有气势。

2. 劈叉:横竖三面叉宜在横队、直线或直线交叉的十字队形上完成,横叉在圆周上做形成一个封闭式的图案,效果也很好。但要记住,不宜纵队面向正面做。

3. 平衡:它常采用燕式平衡和侧搬腿平衡。不论在何种队形上做,都要显示出动作的最佳角度,如燕式平衡要侧面或斜侧面完成、侧搬腿平衡要正面完成。

4. 桥形:它一般采用站立下桥,在直线队形上侧面完成,不宜两腿或头部正对主席台做。

5. 滚翻:它以侧面完成为好,可采用横队依次做;圆形宜男女分别做,不宜分散单个做。

6. 肩肘倒立:它宜侧面完成,充分体现动作的高质量,从队形效果看,动作最好放在几个大横线、大斜线或交叉十字线等直线队形上做。

7. 踢腿:利用行进间在直线上、交叉十字线条直线队形上做,也可用于变化队形自然过渡。

(四) 选择队形的要求

1. 充分利用场地,要照顾到点、面、角,不宜溜边做动作,不能偏场。

2. 通过队形变化与动作的有机结合形成表演高潮。

3. 队形变化要形式多样。例如:通过行进间操的方式变化队形;通过改变动作方向变化队形;通过各种舞步变化队形,像足尖步、弹簧步、华尔兹步、并步跳等。

三、退场队形

(一) 退场队形的意义

退场虽不在规定扣分的范围内,但很难设想入场和表演部分相当精彩、退场时却懒散地各自走下场的队伍会给裁判和观众留下美好的印象。所以,如何退场也是不可不考虑的一个部分,为了给裁判和观众留下难忘的回忆,退场也要求在新和齐上下功夫。

(二) 退场队形的方法

1. 密集队形退场:密集队形退场队形如图 4－5－8 所示。

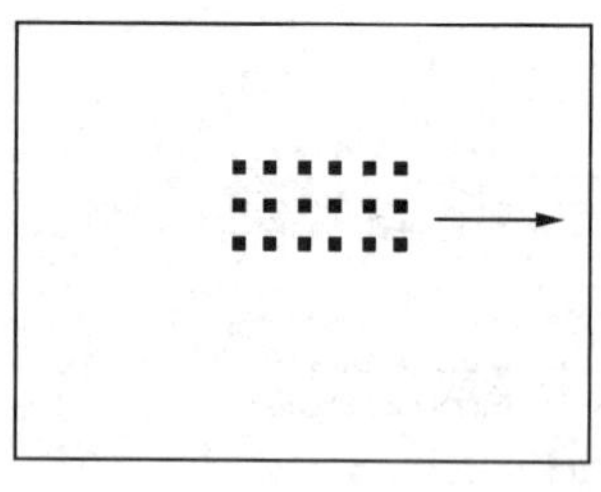

图 4－5－8

2. 两侧横队同方向或异方向退场:这种退场队形如图 4－5－9 所示。

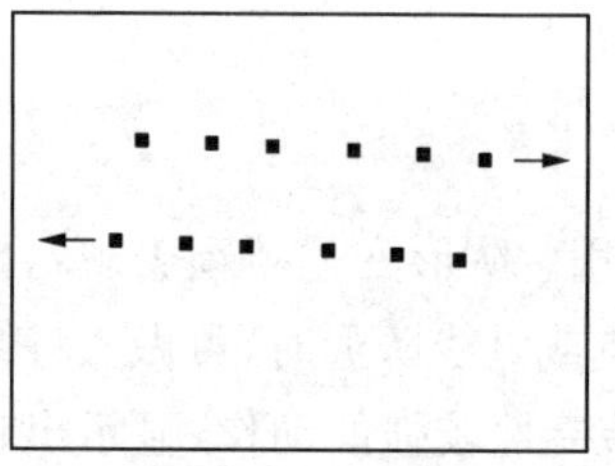

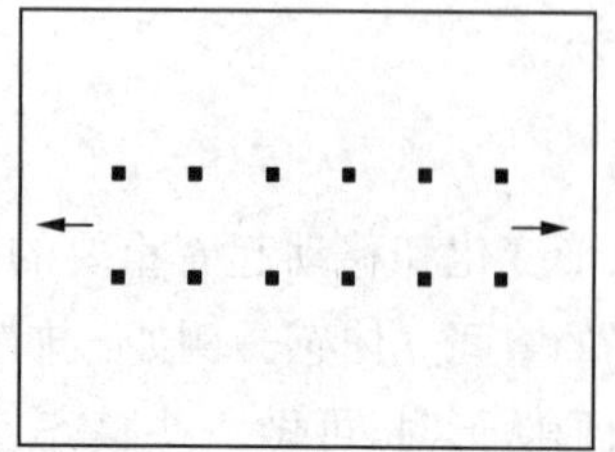

图 4－5－9

3. 斜队方向退场：斜队方向退场队形如图 4－5－10 所示。

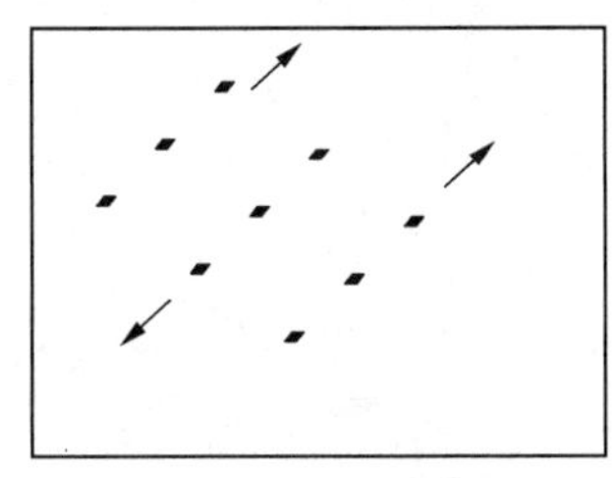

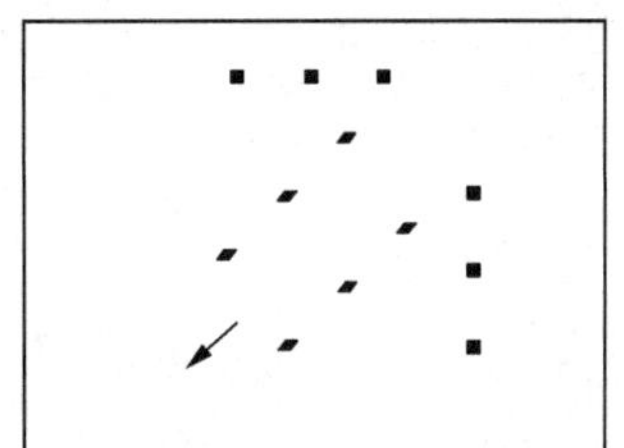

图 4－5－10

4. 分散方向退场：分散方向退场队形如图 4－5－11 所示。

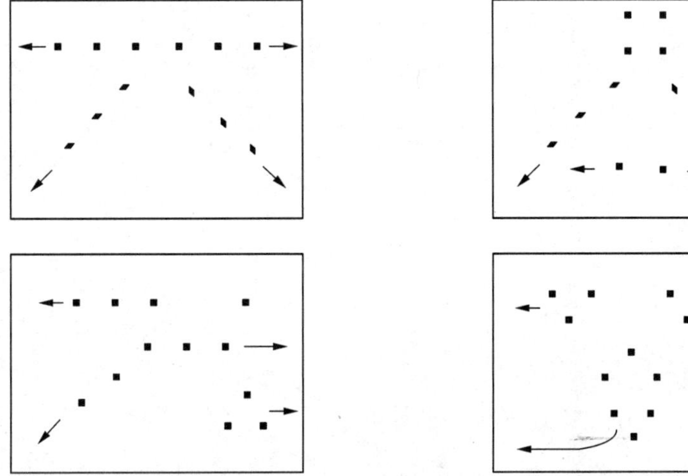

图 4－5－11

下篇
实践篇

徒 手 操

§5.1 动物模仿操

第一节　小鸟(8拍×2)

预备姿势 直立。

第一个八拍 (图5-1-1)

①：下肢不动，两臂侧平举，"小波浪"两次先起，手腕下压。

②：下肢不动，两臂侧平举，"小波浪"两次落下，手腕上提。

③：同①。

④：同②。

⑤—⑥：下肢不动，两臂上举，手背相靠。

⑦—⑧：下肢不动，而臂经侧还原成直立。

第二个八拍

同第一个八拍。

图5-1-1

第二节　小鸭(8拍×2)

预备姿势 直立。

第一个八拍 (图5-1-2)

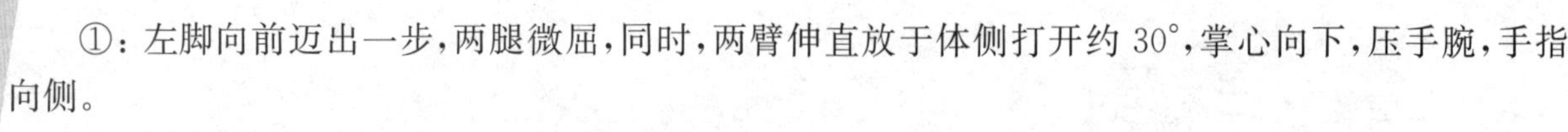

①：左脚向前迈出一步，两腿微屈，同时，两臂伸直放于体侧打开约 30°，掌心向下，压手腕，手指向侧。

②：同①，右脚向前迈出一步，如鸭子走路。

③：同①。

④：同②。

⑤：两脚开立，半蹲，左脚向左平移，同时两臂伸直放于体侧，掌心向下，手指向侧。

⑥：左脚离地，身体向右倾。

⑦：同⑤，向右平移。

⑧：同⑥，右脚离地，身体向左倾。

第二个八拍

同第一个八拍，方向相反。

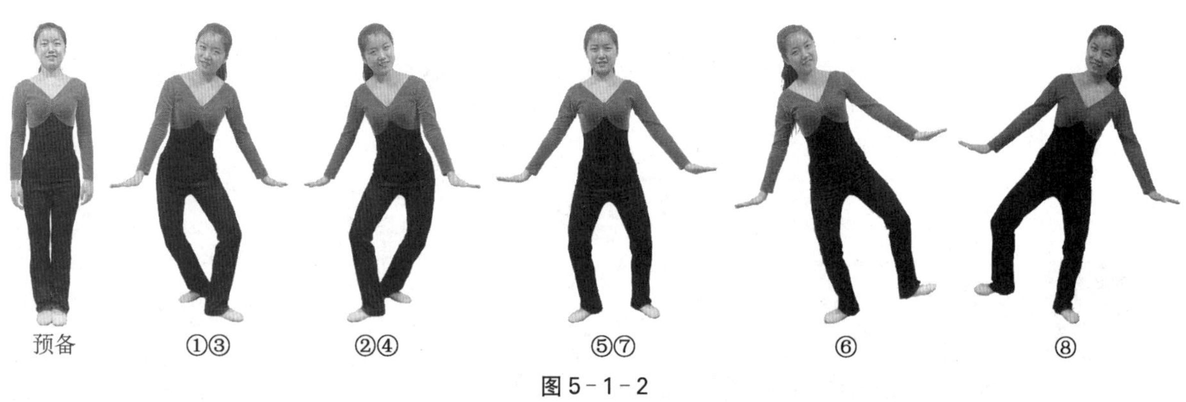

图 5－1－2

第三节　小猫(8 拍×2)

预备姿势　直立。

第一个八拍　(图 5－1－3)

①：左脚跟侧点地，向右顶胯，同时两手五指张开相对在嘴前，掌心向内，同时向左、右两侧拉，做猫胡须状，身体随手向左后振一次。

②：收回左脚，同时两手五指张开相对在嘴前，掌心向内。

③：同①，方向相反。

④：同②。

⑤—⑥：半蹲向左侧跳出一步，同时手臂动作同①。

⑦—⑧：同⑤—⑥，方向相反。

图 5－1－3

第二个八拍

同第一个八拍,方向相反。

第四节　小猴(8拍×2)

预备姿势　直立。

第一个八拍　(图5-1-4)

①—②:重心移至左脚,右脚向侧,脚尖点地,同时左手在额前做望远状,上体前倾,右手呈掌侧下举,掌心斜向下。

③—④:同①—②,方向相反。

⑤—⑥:右腿屈膝向左伸出,绷脚尖,上体向左侧扣腰,同时左手屈肘在头右侧,小臂内旋,左手在额前做望远状,右手呈掌侧下举,掌心斜向下。

⑦—⑧:同⑤—⑥,方向相反。

第二个八拍

同第一个八拍,方向相反。

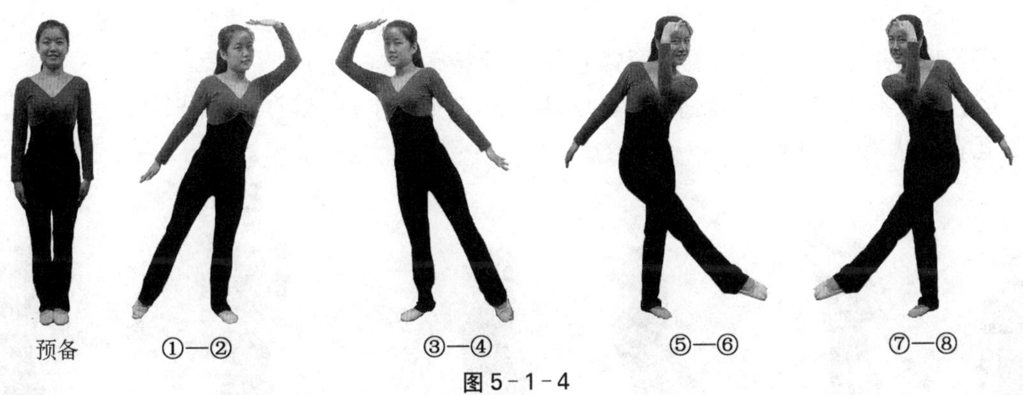

图5-1-4

第五节　小青蛙(8拍×2)

预备姿势　直立。

第一个八拍　(图5-1-5)

①:右脚向侧脚尖点地,重心移至左脚,同时两臂经前呈肩侧屈,使小臂与大臂呈90°,掌心向前,五指张开。

②:右脚落地呈开立,半蹲,两臂肩侧屈,使小臂与大臂呈90°,握拳,掌心向前。

③:同①,方向相反。

④:同②。

⑤:两脚开立,半蹲,同时两手经前至胸前击掌一次。

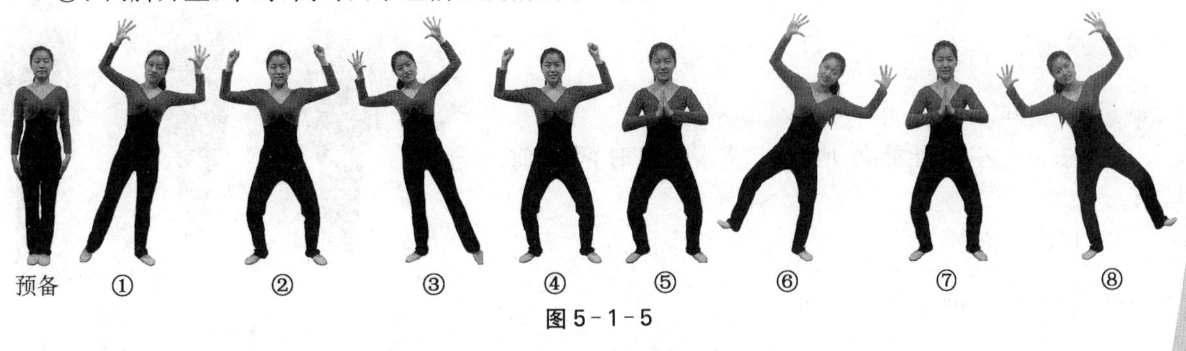

图5-1-5

⑥：两脚开立，半蹲，重心移至左脚，同时抬起右脚，两臂肩侧屈，使小臂与大臂呈 90°，掌心向前，五指张开。

⑦：同⑤。

⑧：同⑥，方向相反。

第二个八拍

同第一个八拍，方向相反。

第六节　孔雀(8 拍×2)

预备姿势　直立。

第一个八拍　(图 5-1-6)

①—④：身体左转 45°，右脚向前一小步，提踵，左臂前上举，掌心向下做孔雀手状，右臂放于身后做孔雀手状，掌心向下。

⑤—⑦：两脚并齐半蹲，同时左手从身前放下，同右手，仰头轻微左右晃动，如孔雀喝水。

⑧：直立，两手臂放于身体后做孔雀手状，掌心向下。

第二个八拍　(图 5-1-7)

①—④：两脚并齐半蹲，身体前倾，两臂上举，手腕相靠，掌心向外。

⑤—⑧：下肢不动，右手经体侧平举，掌心斜向下，左臂前上举，掌心微微向下做孔雀手状，右臂放于身后做孔雀手状，掌心向下。

图 5-1-6　　图 5-1-7

§5.2　礼　仪　操

第一节　(8 拍×2)

预备姿势　直立。

第一个八拍　(图 5-2-1)

①—⑦：从左脚开始原地踏步 7 拍，同时两臂前后自然摆动。

⑧：还原成直立。

第二个八拍　(图 5-2-2)

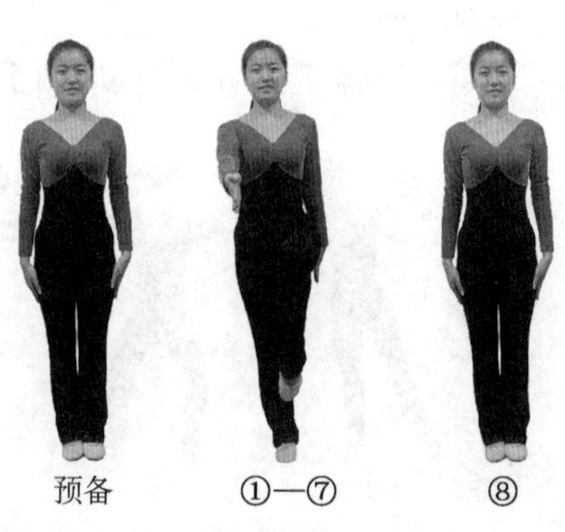

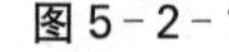

图 5-2-1

预备姿势　直立。

①：身体向右转，提踵一次，同时双手叉腰。

②：落踵，身体向前，双手叉腰。

③：同①，动作相反。

④：同②。

⑤—⑥：提踵，同时两臂经侧向上呈侧上举，掌心相对。

⑦—⑧：两手向外翻手腕，两臂经侧落下至预备姿势。

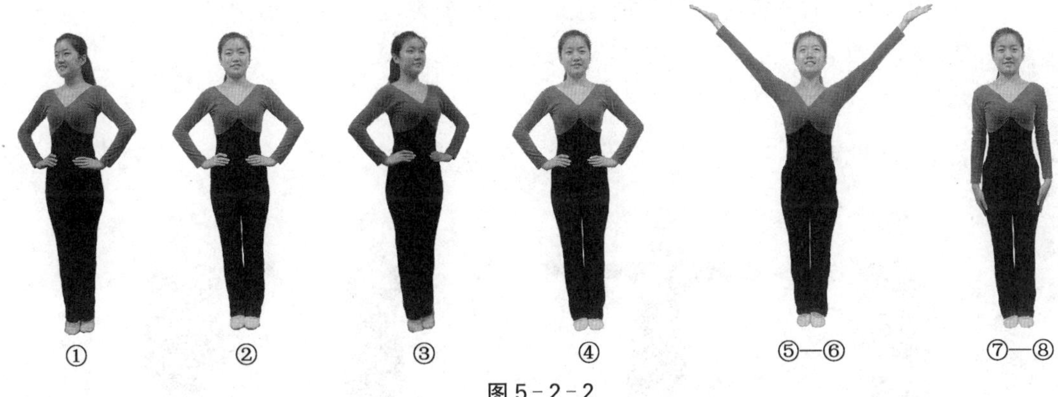

图5-2-2

第二节　(8拍×2)

预备姿势　直立。

第一个八拍和第二个八拍

与第一节相同，方向相反。

第三节　(8拍×2)

预备姿势　直立。

第一个八拍　(图5-2-3)

①—②：上体向左转，半蹲，同时两臂屈肘放于肩上，五指并拢抚肩两次。

③—④：同①—②，方向相反。

⑤—⑥：右腿稍屈膝，左腿侧伸，脚跟点地，同时两臂屈肘放于肩上，五指并拢，眼看前方。

⑦：同⑤—⑥，方向相反。

⑧：还原。

图5-2-3

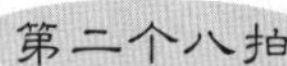
第二个八拍

同第一个八拍,方向相反。

第四节　(8 拍×2)

预备姿势　直立。

第一个八拍　(图 5-2-4)

①—④:下肢不动,两臂经前举反掌至侧平举(掌心向上)。

⑤—⑥:屈膝平蹲,同时两臂经体侧屈肘,经胸前推至前举,握拳竖起拇指。

⑦—⑧:还原成直立。

第二个八拍

同第一个八拍,方向相反。

图 5-2-4

第五节　(8 拍×2)

预备姿势　直立。

第一个八拍　(图 5-2-5)

①—②:下肢不动,两臂经胸前击掌两次。

③:迈左脚向左转体 90°,右脚尖点地,同时双手叉腰(两人中一人右转)。

④:收右脚。

⑤—⑥:下肢不动,右手伸出呈握手,上下抖动两次。

⑦—⑧:同⑤—⑥,换左手抖动两次。

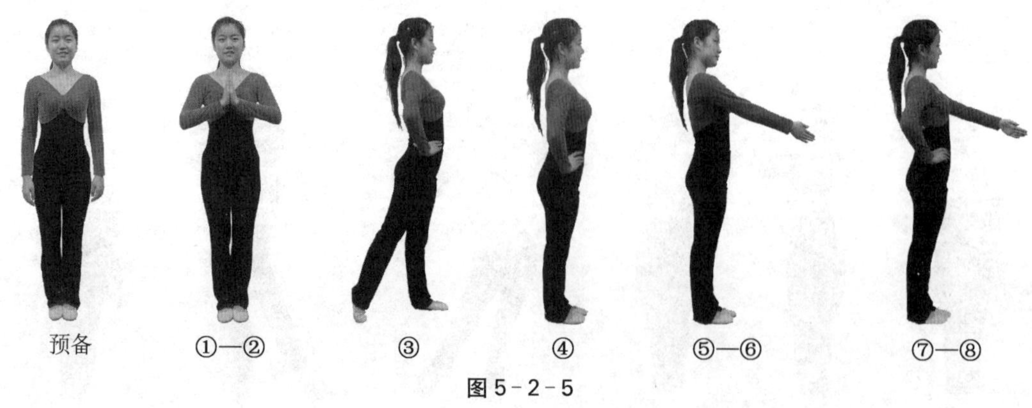

图 5-2-5

第二个八拍　(图 5-2-6)

①—②：右手经体前抬至肩侧屈，使小臂与大臂形成90°的夹角，手臂左右屈伸两次，掌心向前，四指并拢，拇指张开，头随动。

③—④：同①—②，方向相反。

⑤—⑥：迈右脚向右转体90°，同时两手叉腰。

⑦：收左脚。

⑧：两臂放于体侧还原成直立。

图5-2-6

第六节 (8拍×2)

与第五节相同，方向相反。

第七节 (8拍×2)

预备姿势 直立。

第一个八拍 (图5-2-7)

①：抬左腿原地踏步，大小腿夹角为90°的两臂前后自然摆动。

②：同①，方向相反。

③：同①。

④：同②。

⑤—⑥：屈膝半蹲，同时双手从胸前掏出至身体左侧，左手放于身体左侧举，右手屈臂于腹前，掌心向上。

⑦—⑧：还原成直立。

第二个八拍

同第一个八拍，方向相反。

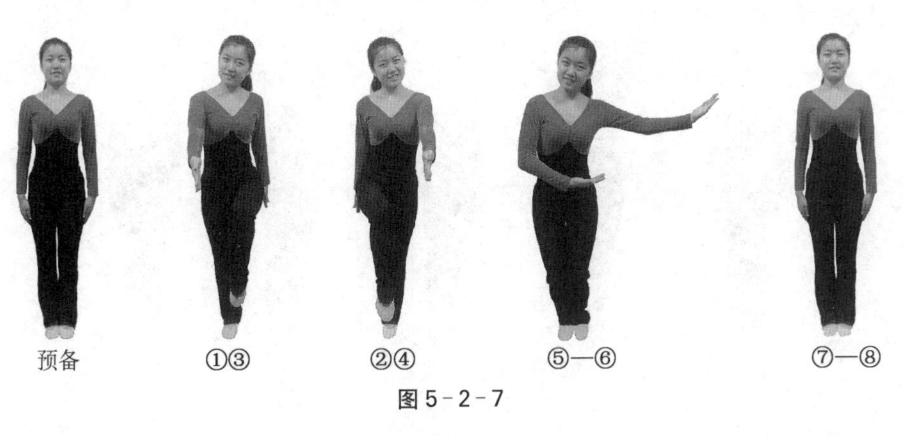

图5-2-7

第八节 (8拍×2)

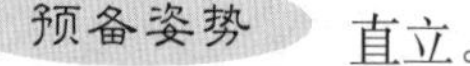

预备姿势 直立。

第一个八拍 (图5-2-8)

①—②：左腿向左侧打开一步，重心移至左腿，同时左手叉腰，右手经肩前握拳推至上方，五指扩指张开，掌心向前，头向左倾。

③—④：半蹲起，同①—②，方向相反。

⑤：撤右脚至左脚后方，屈膝半蹲，双手放于体侧斜下举，压手腕，掌心向下，头向左倾。

⑥：右脚还原至两脚开立，双手放于体侧斜下举，压手腕。

⑦：同⑤，方向相反。

⑧：还原成直立。

第二个八拍

同第一个八拍，方向相反。

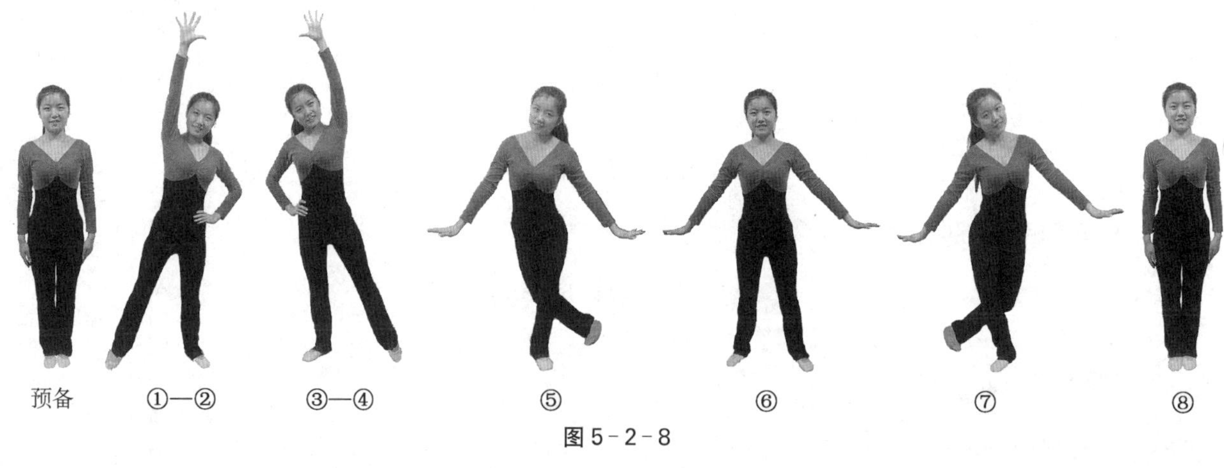

图5-2-8

§5.3 艺术性体操

第一节 上肢运动(8拍×4)

预备姿势 直立。

第一个八拍 (图5-3-1)

图5-3-1

①—②：提踵，两臂经前上举，掌心向前。

③—④：落踵，右腿微屈，左腿向前一小步，脚跟着地，同时两臂经体前至体侧向后呈后斜下举，掌心向后。

⑤—⑥：同①—②。

⑦—⑧：还原成直立。

第二个八拍 (图 5-3-2)

①—②：向左转体 90°，两腿屈膝弹动两次，同时上体稍前倾，两臂斜下举，压手腕，掌心向下。

③—④：同①—②，方向相反。

⑤—⑥：提踵，双手向侧打开呈侧平举，掌心向下。

⑦—⑧：还原成直立。

第三个八拍和第四个八拍

与第一个八拍和第二个八拍相同，方向相反。

图 5-3-2

第二节 前侧举臂(8 拍×4)

预备姿势 直立。

第一个八拍 (图 5-3-3)

①—②：右脚向右迈一步，与肩同宽。同时两臂经前上举，掌心相对。

③—④：左脚收至右脚旁，脚尖点地，右腿微屈。同时，左臂落至胸前平屈，右臂侧举，掌心向下。

⑤—⑥：左脚打开与肩同宽，提踵，同时两臂侧平举，掌心向下。

⑦—⑧：还原成直立。

图 5-3-3

第二个八拍 （图 5－3－4）

①—②：右脚向右迈一步，与肩同宽。提踵。同时两臂经前上举，掌心向前。

③—④：左脚并右脚屈膝，同时两臂前平举，掌心向下。

⑤—⑥：下肢同①—②，双臂侧平举，掌心向下。

⑦—⑧：还原成直立。

第三个八拍和第四个八拍

与第一个八拍和第二个八拍相同，方向相反。

①—②　③—④　⑤—⑥　⑦—⑧

图 5－3－4

第三节　侧臂环(8 拍×4)

预备姿势 直立。

第一个八拍 （图 5－3－5）

①—②：脚下从左脚开始踏步两次，同时双手胸前击掌两次。

③—④：身体转向右侧。同时双手经上分手前后打开，压手腕，掌心向下。

⑤—⑥：同①—②，方向相反。

⑦—⑧：同③—④，方向相反。

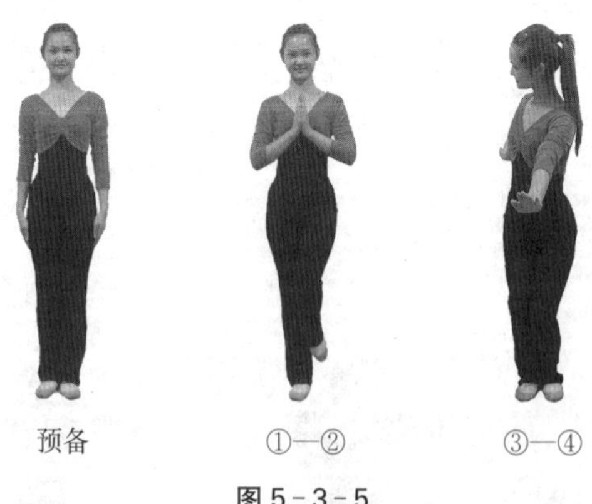

预备　①—②　③—④

图 5－3－5

第二个八拍 （图 5－3－6）

①—②：向右顶胯一次，同时左手叉腰，右手右斜下举按手。头向右随动。

③—④：同①—②，方向相反。

⑤—⑥：双腿微屈，同时两臂体前屈臂上下相叠，握掌依次绕环，拳心向下。

⑦—⑧：还原成直立。

第三个八拍和第四个八拍

与第一个八拍和第二个八拍相同，方向相反。

图5-3-6

第四节 侧弓步(8拍×4)

预备姿势 直立。

第一个八拍 (图5-3-7)

①—②：右腿向右迈出呈右弓步，同时右手叉腰，左手侧斜下举，五指张开，掌心向前，眼看左手。

③—④：还原成预备姿势。

⑤—⑥：同①—②，方向相反。

⑦—⑧：还原成直立。

图5-3-7

第二个八拍 (图5-3-8)

图5-3-8

①—④：从左脚开始踏步4次，同时双手交叉抖腕经前向上至头顶，五指张开，掌心向前。
⑤—⑥：向左侧顶胯，同时右臂于肩前平屈，左臂侧平举，五指张开，掌心向前，头左右随动。
⑦—⑧：同⑤—⑥，方向相反。

第三个八拍和第四个八拍

与第一个八拍和第二个八拍相同，方向相反。

第五节　手臂波浪(8拍×4)

预备姿势　直立。

第一个八拍　(图5-3-9)

①：双腿直立，左手由下至侧平位波浪，右手自然下垂。眼看左手。
②：还原成直立。
③：双腿直立，同时左手经左侧波浪至上位，左手自然下垂。眼看左手。
④：还原成直立。
⑤—⑧：同①—④，方向相反。

图5-3-9

第二个八拍　(图5-3-10)

①—②：双腿直立，同时双手由下经侧做波浪至上位，掌心斜向下。
③—④：双腿直立，同时双手由上经侧做波浪至平举位，经肩坠肘，掌心斜向外。
⑤—⑥：同①—②。
⑦—⑧：还原成直立。

图5-3-10

第三个八拍和第四个八拍

与第一个八拍和第二个八拍相同，方向相反。

第六节　前后弓步(8 拍×4)

预备姿势　直立。

第一个八拍　(图 5-3-11)

①—②：左腿向前一步呈弓步，同时双手胸前平举，两手交握。

③—④：左脚收回直立，同时双手交握屈肘收至胸前。

⑤—⑥：左脚向左侧出成开立，同时双手经前上举头顶交握。

⑦—⑧：收左脚还原成直立。

图 5-3-11

第二个八拍　(图 5-3-12)

①—②：左脚向左侧出呈开立，同时双手侧平举，掌心向下，两眼平视前方。

③—④：右脚向前一步，重心移至左脚，左腿微屈，右脚前点地，膝盖绷直，双手叉腰。

⑤—⑥：右脚收至左脚后向右侧出呈开立，同时两臂侧平举，掌心向下。

⑦—⑧：收左脚还原成直立。

第三个八拍和第四个八拍

与第一个八拍和第二个八拍相同，方向相反。

图 5-3-12

第七节　跳跃运动(8 拍×2)

预备姿势　直立。

第一个八拍 (图 5-3-13)

①：右腿向右侧出一步，脚跟着地，左腿微屈，同时双手叉腰，头向右倾。

②：右脚收回并拢于左脚。

③：同①拍，方向相反。

④：左脚收回并拢右脚。

⑤—⑧：从左脚开始原地交替跳 4 次，同时双手胸前击掌 4 次。

预备　①　②④　③　⑤—⑧

图 5-3-13

第二个八拍 (图 5-3-14)

①—②：右腿微屈，向左顶胯，同时右手扶左肩，左臂自然下垂，头向左倾。

③—④：左腿微屈，向右顶胯，同时双臂胸前交叉扶肩，头向右倾。

⑤—⑦：左右顶胯，同时双手交叉抖腕经前至头上向两侧转动一周。

⑧：还原成直立。

①—②　③—④　⑤—⑦　⑧

图 5-3-14

第八节　足尖运动(8 拍×4)

预备姿势 直立。

第一个八拍 (图 5-3-15)

预备　①—②　③—④　⑤—⑥　⑦—⑧

图 5-3-15

①—②：右脚向前一步，重心在右脚，左脚脚尖点地，两臂自然下垂。

③—④：左脚向前一步，重心在左脚，右脚脚尖点地，两臂自然下垂。

⑤—⑥：收右脚屈膝平蹲，低头含胸，同时双手前平举，掌心向下。

⑦—⑧：直立，同时双手向两侧打开呈侧平举，掌心向下。

第二个八拍 （图5-3-16）

1. ①—④：同第一个八拍的①—④，但是向后走两步。

2. ⑤—⑧：同第一个八拍的⑤—⑧。

第三个八拍和第四个八拍

与第一个八拍和第二个八拍相同，方向相反。

图5-3-16

§5.4 站 姿 操

预备节 (8拍×2)

预备姿势 直立。

第一个八拍 （图5-4-1）

①—②：身体向左转体90°，左腿吸腿后屈，同时左臂侧平举（掌心向下），右臂体前屈（掌心向下）。

③—④：还原成直立。

⑤—⑥：同①—②，方向相反。

⑦—⑧：同③—④。

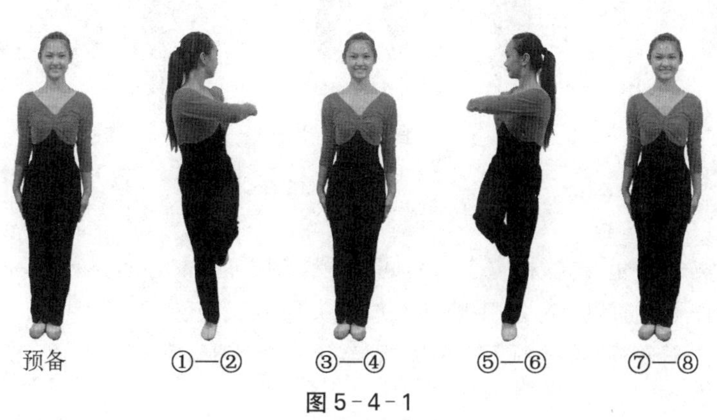

图5-4-1

第二个八拍 (图 5－4－2)

①—②：左脚向前一步，右脚脚尖点地，重心放在左脚，同时两臂经前至上举（掌心相对）。

③—④：两臂向内绕环，交叉至斜上举（掌心相对）。

⑤—⑥：左腿收回并于右脚，屈膝下蹲，两臂下拉至肩侧屈（握拳，拳心向内）。

⑦—⑧：还原成直立。

图 5－4－2

第一节　上肢练习(8 拍×2)

预备姿势　直立。

第一个八拍 (图 5－4－3)

①—②：左脚向侧一步呈开立（稍宽于肩），同时两臂侧平举，掌心向下。

③—④：收左脚并于右脚，屈膝半蹲，同时两臂屈肘于胸前击掌。

⑤—⑥：脚下动作同①—②，两手经体前上举击掌。

⑦：同①—②。

⑧：还原成直立。

图 5－4－3

第二个八拍 (图 5－4－4)

①—②：左脚向侧一步呈开立（稍宽于肩），同时两臂侧平举，掌心向下。

③—④：脚下动作不变，两臂上举，手腕交叉放于头顶，双手五指张开（掌心向外）。

⑤—⑥：脚下动作不变，两臂经侧下落至体前，双手五指张开（掌心向内）。

⑦—⑧：还原成直立。

图 5-4-4

第二节 四肢运动(8 拍×2)

预备姿势 直立。

第一个八拍 (图 5-4-5)

①：左脚向前一步呈右脚尖后点地，重心落于左脚，同时两臂经前上举(掌心向前)。

②：右脚前踢(直膝，绷脚尖)，同时两臂经前下落呈前平举(掌心向下)。

③：同①拍。

④：收左脚还原成直立。

⑤—⑥：两腿微屈，同时双手叉腰，头向左转动 90°，眼看左侧。

⑦—⑧：还原成直立。

图 5-4-5

第二个八拍 (图 5-4-6)

①：左脚前出一步，脚跟着地，右腿微屈，重心放于右腿。同时右臂平屈于胸前，左臂侧举，双手握拳，拳心向下。

②：收左脚还原成直立。

③—④：③同①，④同②，方向相反。

⑤—⑥：下肢不动，左手握拳上举，掌心向内，右手叉腰，头向右转，眼看右下方。

⑦—⑧：还原成直立。

图 5-4-6

第三节　踢腿运动(8 拍×2)

预备姿势　直立。

第一个八拍　(图 5-4-7)

①—②：左脚向侧一步呈开立(稍宽于肩)，同时两臂侧举(掌心向下)。

③—④：重心移至右腿，左腿后屈，同时左臂上举(掌心向内)，右手触左脚跟，眼看右手。

⑤—⑥：落左脚，向右踢右腿(绷脚，直膝)，同时两臂呈侧平举，掌心向下。

⑦—⑧：还原成直立。

图 5-4-7

第二个八拍　(图 5-4-8)

图 5-4-8

①—②：左脚向侧一步呈开立(稍宽于肩)，同时两臂侧平举(掌心向下)。
③—④：在①—②的基础上，左脚向前踢出(绷脚，直膝)。
⑤—⑥：左脚收回，右脚吸至左腿膝盖处，同时左手上举(掌心向内)，右手叉腰。
⑦—⑧：还原成直立。

第四节 体侧屈(8拍×2)

预备姿势 直立。

第一个八拍 (图5-4-9)

①—②：左脚向侧一步呈开立(稍宽于肩)，同时两臂侧平举，掌心向下。
③—④：上体右倾呈体侧屈，同时左手上举(掌心向内)，右手叉腰。
⑤—⑥：上体回正，同时左手侧平举，掌心向下，右手指尖触肩，眼看左手。
⑦—⑧：还原成直立。

图5-4-9

第二个八拍 (图5-4-10)

①—②：左脚向左侧出一步呈开立(稍宽于肩)，上体左倾，同时左手叉腰，右手上举(掌心向内)。
③—④：同①—②。
⑤—⑥：双手打开，两臂侧平举(掌心向下)。
⑦—⑧：还原成直立。

图5-4-10

第五节 体转(8拍×2)

预备姿势 直立。

第一个八拍 (图5-4-11)

①—②：左脚向左侧出一步呈开立(稍宽于肩)，同时双手叉腰。

③：身体向左侧微转，右臂伸向左侧，掌心朝上。眼看右手。

④：身体向右侧转体90°，左臂于胸前平屈，右臂侧平举(左手掌心朝下，右手掌心朝上)，眼看右手。

⑤—⑥：收左脚并于右脚呈直立，同时双臂向上打开约60°，掌心相对。

⑦—⑧：还原成直立。

①—② ③ ④ ⑤—⑥ ⑦—⑧

图5-4-11

第二个八拍 (图5-4-12)

①—②：身体稍向右转，提踵，同时双手叉腰，眼看右侧。

③—④：身体转正，落踵，双手叉腰。

⑤—⑥：同①—②，方向相反。

⑦—⑧：还原成直立。

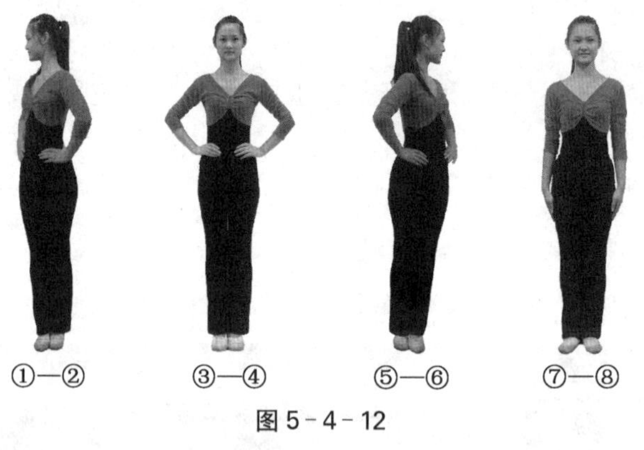

①—② ③—④ ⑤—⑥ ⑦—⑧

图5-4-12

第六节 体前屈(8拍×2)

预备姿势 直立。

第一个八拍 (图5-4-13)

①—②：左脚向左侧出一步呈开立(稍宽于肩)，同时两臂侧平举，掌心向下。

③—④：体前屈呈左手上举，右手触左脚。

⑤—⑥：身体前屈成90°，抬头，双臂侧举，掌心向下。

⑦—⑧：还原成直立。

第二个八拍

同第一个八拍，方向相反。

图5-4-13

第七节　跳跃运动(8拍×2)

预备姿势　直立。

第一个八拍　(图5-4-14)

①—④：从左脚先开始的两脚脚跟着地向前交替跳4次，同时一手握拳于肩前，一手握拳垂于体侧，交替屈肘摆动4次。

⑤—⑥：向上跳两次，同时双手叉腰。

⑦：双脚跳成开立。

⑧：还原成直立。

第二个八拍

同第一个八拍。

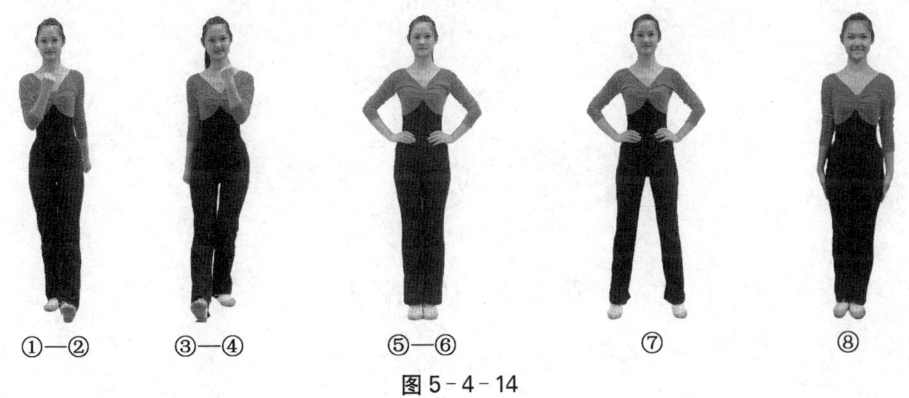

图5-4-14

第八节　整理运动(8拍×2)

预备姿势　直立。

第一个八拍　(图5-4-15)

①—②：左脚向左撤一步，脚尖点地，身体转向右侧，重心在右脚。同时双手由下向上撩至上举，提腕，掌心向下。眼看右侧。

③—④：还原成直立。

⑤—⑥：同①—②，方向相反。

⑦—⑧：还原成直立。

图 5-4-15

第二个八拍 (图 5-4-16)

①—④：两臂由下经侧撩至斜上举，掌心相对。

⑤—⑧：两臂由上经侧还原成直立。

图 5-4-16

§5.5 幼儿健美操

第一节 (8 拍×4)

预备姿势 直立。

第一个八拍 (图 5-5-1)

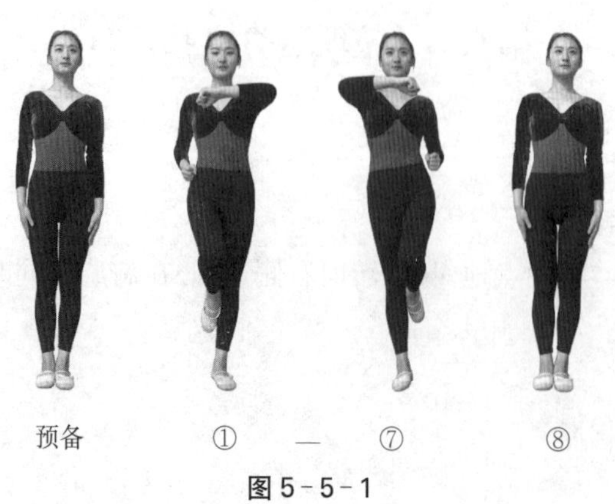

图 5-5-1

①—⑦：从左脚开始原地踏步，同时双臂自然屈臂摆动，双手半握拳。

⑧：还原成直立。

第二个八拍 （图5－5－2）

①：左脚脚跟前点地，右腿微屈，同时两手握拳经下提起呈前平屈，拳心向下。

②：收左脚还原成直立。

③：同①，方向相反。

④：收右脚还原成直立。

⑤：右吸腿跳，同时左臂经前上举，右臂侧平举。双手五指张开（掌心向前）。

⑥：还原成直立。

⑦：左脚脚跟侧点地，同时双臂经侧呈肩侧屈，五指张开，掌心向前。身体左倾，头随身体侧屈。

⑧：还原成直立。

第三个八拍和第四个八拍

与第一个八拍和第二个八拍相同，方向相反。

图5－5－2

第二节 （8拍×4）

预备姿势 直立。

第一个八拍 （图5－5－3）

①：下肢呈“V”字步，左脚先上步，同时双手胸前交叉，拳心向自己。

②：右脚上步双脚呈“V”字，同时手臂经前至上举（拳心向外）。

③：左脚撤步回原地，同时双手握拳交叉于胸前，拳心向自己。

图5－5－3

④：右脚撤步双脚打开，同时手臂经前至侧下举（拳心向内）。

⑤同①。

⑥同②。

⑦同③。

⑧同④。

第二个八拍 （图 5-5-4）

①：下肢呈“V”字步，左脚先上步，同时右手扶左肩。

②：右脚上步双脚呈“V”字，同时左手扶右肩（双臂交叉扶肩）。

③：双脚不动，手臂侧屈臂上举转腕一次。

④：收左脚还原成直立。

⑤—⑥：右腿向右迈出呈侧弓步，同时左臂侧平举，右臂胸前平屈，头向右转。

⑦—⑧：收右脚还原成直立。

第三个八拍和第四个八拍

与第一个八拍和第二个八拍相同，方向相反。

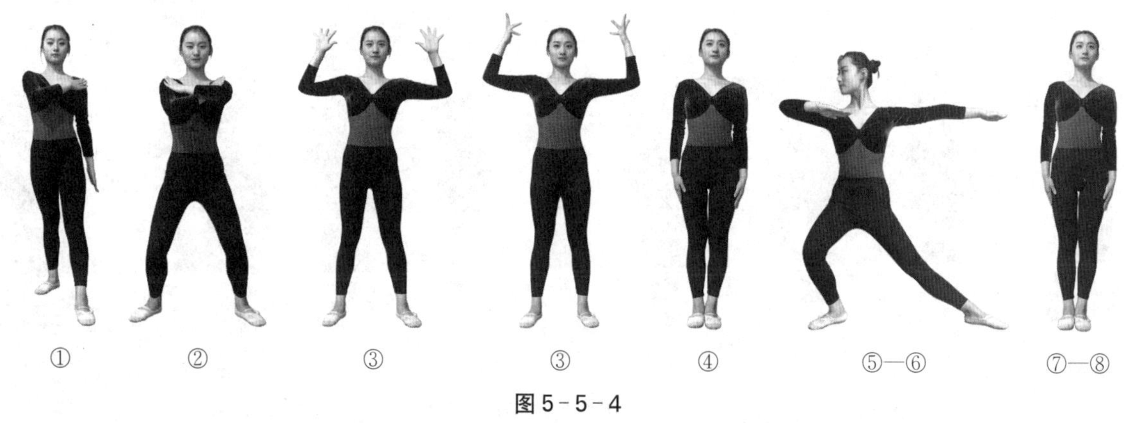

图 5-5-4

第三节 （8 拍×4）

预备姿势 直立。

第一个八拍 （图 5-5-5）

①—③：下肢从左脚开始向前走步，俗称“三步一点地”。同时手臂前平屈，呈车轮状交替滚动，每拍转动一圈。

④：收右脚，拍击掌。

⑤—⑦：向后，右脚先撤步，同时手臂前平屈，呈车轮状交替滚动，每拍转动一圈。

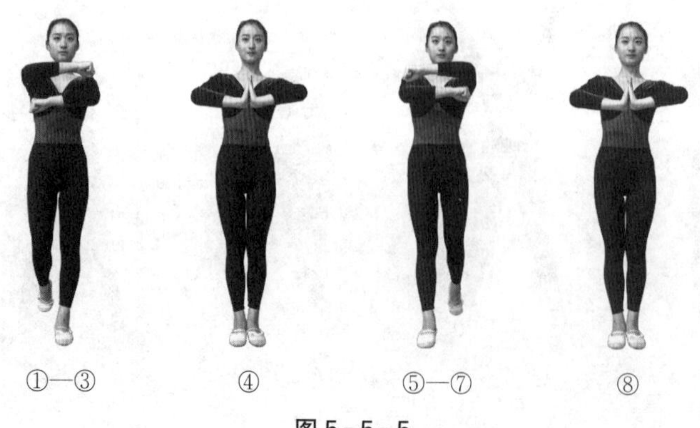

图 5-5-5

⑧：同④。

第二个八拍 (图5-5-6)

①—②：左脚脚尖前点地，同时右手握拳于胸前屈臂。

③—④：同①—②，方向相反。

⑤：左脚脚尖侧点地，同时右臂肩侧屈，手掌五指并拢，掌心朝前。

⑥：收左脚还原成直立。

⑦：同⑤，方向相反。

⑧：收右脚还原成直立。

第三个八拍和第四个八拍

与第一个八拍和第二个八拍相同，方向相反。

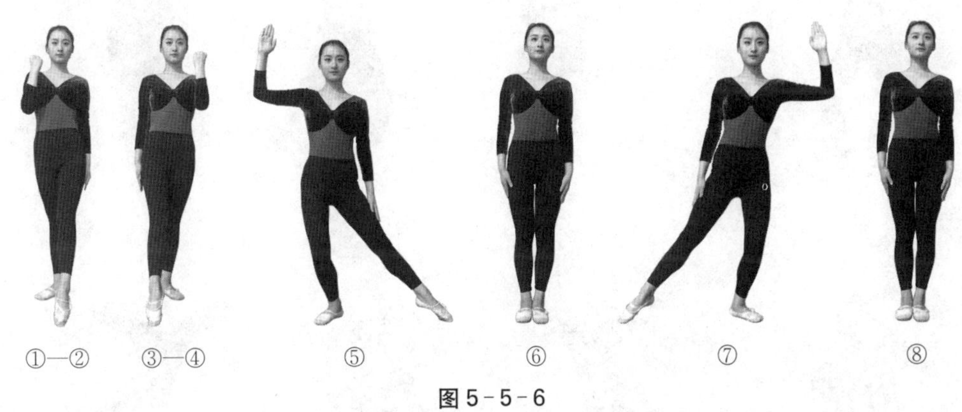

图5-5-6

第四节 (8拍×4)

预备姿势 直立。

第一个八拍 (图5-5-7)

①：下肢侧交叉步，左脚向左跨立，同时左手握拳于肩侧上屈，右手握拳于肩侧下屈。

②：右脚在左脚后方交叉，手臂动作同①，方向相反。

③：同①。

④：并腿纵跳，同时左臂上举握拳向下拉，拳心向内。

⑤—⑧：同①—④，方向相反。

图5-5-7

第二个八拍 (图5-5-8)

①：下肢并步跳，左转90°，左脚侧弓步，同时右臂平举经左前向右滑动。

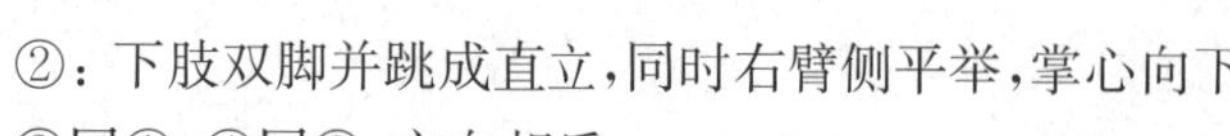

②：下肢双脚并跳成直立，同时右臂侧平举，掌心向下。

③同①，④同②，方向相反。

⑤：左脚侧迈步半蹲，同时双臂握拳于胸前屈。

⑥：右腿屈脚跳，同时手臂于胸前平屈，拳心向下。

⑦—⑧：同⑤—⑥，方向相反。

第三个八拍和第四个八拍

与第一个八拍和第二个八拍相同，方向相反。

图 5-5-8

第五节 （8 拍×4）

预备姿势 直立。

第一个八拍 （图 5-5-9）

①：下肢后踢腿跑，同时双手于胸前拍手一次。

②：同①，方向相反。

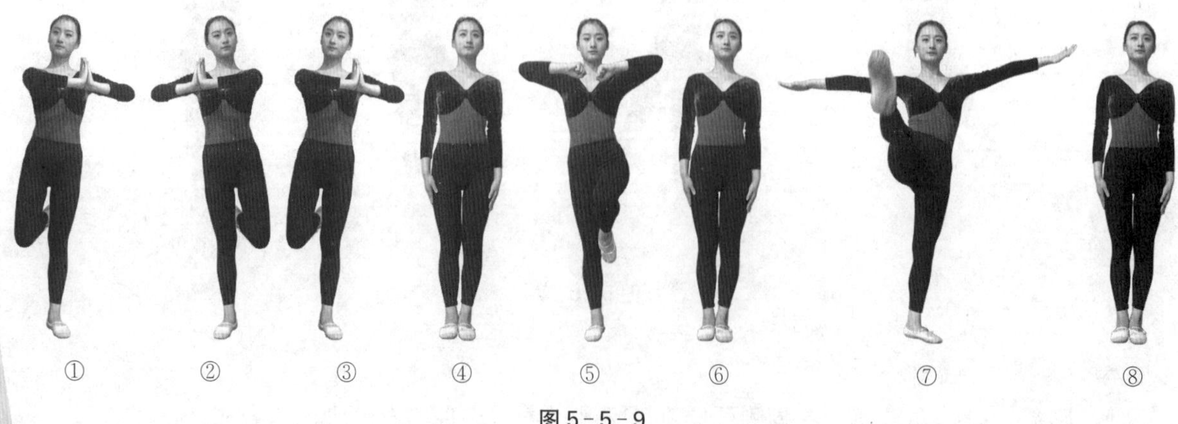

图 5-5-9

③：同①。
④：收右脚还原成直立。
⑤：左脚吸腿跳，同时手臂经下提起握拳于胸前平屈，拳心向下。
⑥：收左脚还原成直立。
⑦：右脚踢腿跳（绷腿，直膝），同时手臂侧平举，掌心向下。
⑧：收右腿还原成直立。

第二个八拍 （图 5－5－10）

①—②：下肢以左脚开始的后踢腿跑，同时双手于胸前屈臂摆臂交叉，五指并拢。
③—④：下肢后踢腿跑，右脚跳，同时双臂肩侧屈握拳向上冲拳。
⑤：双脚开合跳呈开立，双臂胸前屈臂交叉，手扶两肩。
⑥：双脚开合跳呈并立，同时手臂肩侧屈，手指触肩。
⑦：双脚开合跳呈开立，同时两臂上举，五指并拢，掌心相对。
⑧：收脚还原成直立。

第三个八拍和第四个八拍

与第一个八拍和第二个八拍相同，方向相反。

图 5－5－10

第六节 （8 拍×2）

预备姿势 直立。

第一个八拍 （图 5－5－11）

①—②：左脚向左侧迈步呈侧弓步，同时左臂侧平举（掌心向下，五指并拢），右臂放于体侧。

图 5－5－11

③：收左脚于右脚后交叉，左脚脚尖点地，同时左手于胸前平屈。

④：收左脚并拢，同时左臂上举（掌心向内），右臂放于体侧。

⑤：左臂经体侧向下绕环至体侧，同时右臂经体侧向上绕环至上举。

⑥：双腿屈膝半蹲，同时双臂于胸前平屈，上下相叠，低头。

⑦：双腿直立，同时双手侧平举打开，掌心向上。

⑧：双臂放于体侧，还原成直立。

第二个八拍

与第一个八拍相同，方向相反。

§5.6 力量素质操

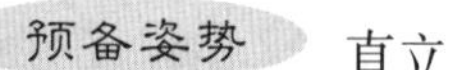

预备姿势 直立。

第一个八拍 （图 5-6-1）

①—④：右腿屈膝呈跪坐，臀部坐在脚跟上，同时两臂屈肘于胸前交叉，掌心向内，低头含胸。

⑤—⑦：右膝跪起，两脚站立，同时两臂上举，掌心向前，抬头挺胸。

⑧：收左脚，同时两臂经侧还原成预备姿势。

第二个八拍

同第一个八拍，方向相反。

图 5-6-1

第三个八拍 （图 5-6-2）

图 5-6-2

预备姿势 接上节结束动作。

①—②：左脚向前一步，右脚脚尖点地，两臂上举（掌心向前）。

③—④：下蹲，双手撑地，眼看地面。

⑤—⑥：右腿跪地，左腿向后抬起，双手撑地，抬头。

⑦—⑧：上体动作同⑤—⑥，左腿由后举变为左侧脚尖点地。

第四个八拍 （图5-6-3）

预备姿势 接上节结束动作。

①—②：右腿跪地，左脚尖点地，右手撑地，左臂斜上举与上体形成一条直线。

③—④：上体保持不动，左腿抬起与右腿形成90°夹角。

⑤—⑥：收左腿和左手。

⑦—⑧：还原成直立。

第五个八拍

同第三个八拍。

第六个八拍

同第四个八拍。

图5-6-3

第七个八拍 （图5-6-4）

预备姿势 接上节结束动作。

①—②：直立，两臂上举（掌心向前）。

③—④：体前屈手撑地。

⑤—⑥：下蹲，手撑地，眼看两手之间。

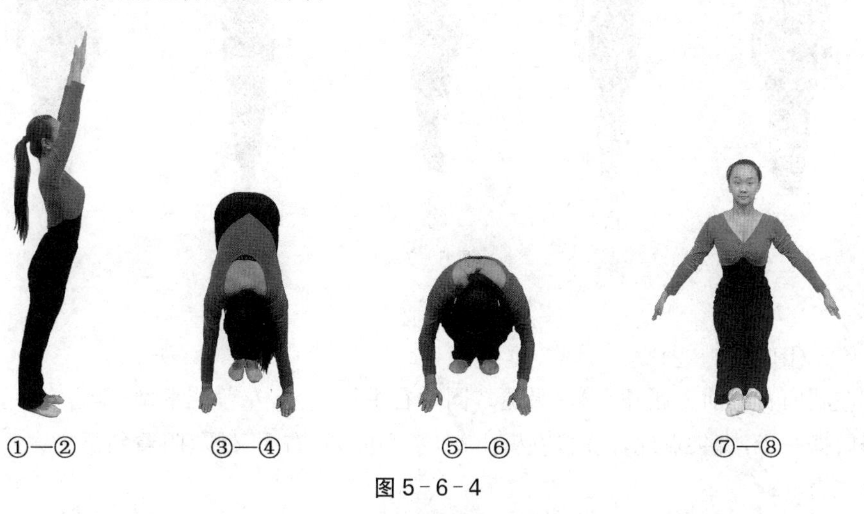

图5-6-4

⑦—⑧：前滚翻成直立坐，两手指尖扶地。

第八个八拍 （图5-6-5）

预备姿势 接上节结束动作。

①—②：上体前屈，同时两手触两脚。

③—④：双腿屈膝，脚尖点地，上身直立。

⑤—⑥：左腿伸直抬起，上身保持不动。

⑦—⑧：同⑤—⑥，方向相反。

第一个八拍至第八个八拍重复做一次，动作相同，方向相反。

①—② ③—④ ⑤—⑥ ⑦—⑧

图5-6-5

§5.7 平衡素质操

预备姿势 直立。

第一个八拍 （图5-7-1）

①：左腿向前一步，同时两臂前后打开，右臂向前，左臂向后。

②：吸右腿，两臂前平举，掌心相对。

③：右腿向后撤一步，同时双臂于胸前平屈，上下相叠，掌心向下。

④：还原成预备姿势。

⑤同①、⑥同②、⑦同③、⑧同④，方向相反。

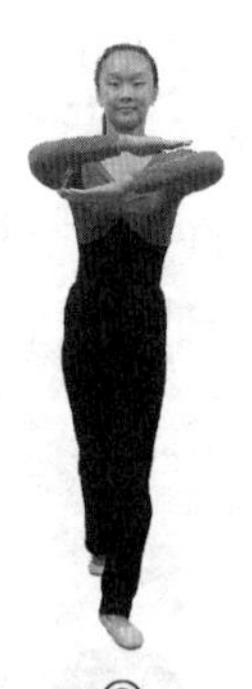

预备 ① ② ③ ④

图5-7-1

第二个八拍 （图5-7-2）

①—②：左腿向右斜前方屈膝平举(吸腿)，同时右手触左膝，左臂侧平举(掌心向下，五指并拢)。

③：左腿后撤一步，脚尖点地，同时，左臂上举，掌心向内，右手叉腰，眼看斜下方。

④：还原成直立。

⑤—⑥：同①—②，方向相反。

⑦—⑧：⑦同③，方向相反。⑧同④。

图5-7-2

第三个八拍（图5-7-3）

①—②：左腿支撑，右腿后踢90°，双臂前平举（掌心向下）。

③：后腿经下向前踢出与地面平行（绷脚尖），左臂前平举，右臂侧平举。

④：还原成直立。

⑤—⑥：同①—②，方向相反。

⑦—⑧：⑦同③，方向相反。⑧同④。

图5-7-3

第四个八拍（图5-7-4）

①：左脚向前走一步，同时右臂前举，掌心向内。

②：右脚向左脚靠拢成直立，同时收右臂放于体侧。

③：提踵，同时双臂于胸前平屈，掌心向下。

⑤

⑦

图 5-7-4

④：落踵，上肢不动。
⑤：左腿向后撤一步呈弓箭步，同时两臂向两侧打开呈侧平举，掌心向下。
⑥：同④。
⑦：同⑤，方向相反。
⑧：还原成直立。

第一个八拍至第四个八拍重复做一次，动作相同，方向相反。

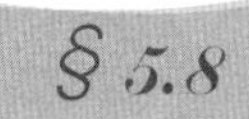

§5.8 灵敏素质操

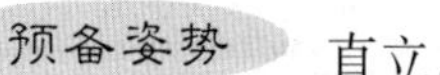

预备姿势 直立。

第一个八拍 （图 5-8-1）
①：下肢不动，左手拍右肩。
②：下肢不动，左手拍左肩。
③—④：下肢不动，左手叉腰。
⑤：下肢不动，左手叉腰，右手拍左肩。
⑥：下肢不动，左手叉腰，右手拍右肩。
⑦—⑧：下肢不动，收右手至腰间呈两手叉腰。

① ② ③—④ ⑤ ⑥ ⑦—⑧

图 5-8-1

①—④ ⑤—⑧

图 5-8-2

第二个八拍 （图 5-8-2）
①—④：以左脚开始原地踏步 4 次，同时两臂交叉手拍肩 4 次。
⑤—⑧：以左脚开始原地踏步 4 次，同时两臂前平举（五指张开，向外转动 4 次）。

第三个八拍 (图5-8-3)

①：左脚向左前迈出，脚跟点地，右腿屈膝，同时两手在左肩侧击掌。

②：左脚收回，同时两手叉腰。

③：同①拍，方向相反。

④：同②拍，收右脚，两手叉腰。

⑤：左脚踏步一次，同时两臂前平举击掌一次。

⑥：右腿踏步一次，同时两臂上举击掌一次。

⑦：左脚踏步一次，同时两臂侧平举，掌心向下。

⑧：还原成直立。

图5-8-3

第四个八拍 (图5-8-4)

①—②：左脚向左侧出一步，重心放于左脚，右脚脚尖点地，同时左臂前平举，右臂侧平举(掌心向下)。

③—④：收左脚，两手叉腰。

⑤—⑥：同①—②拍，方向相反。

⑦—⑧：还原成直立。

第一个八拍至第四个八拍重复做一次，动作相同，方向相反。

图5-8-4

§5.9 幼儿武术操

歌曲：《中国功夫》

武术操是根据歌曲《中国功夫》进行创编的，本套操可分为四节。

第一节 (8拍×8)

预备姿势 直立。

第一个八拍 (图5-9-1)

①—②：左脚向左跨出一步呈开立，与肩同宽，双手经前于胸前抱拳。

③—④：身体左转90°，下肢呈左侧弓步，右臂于胸前平举冲拳，左臂放于腰间。

⑤—⑧：重心右移呈右侧弓步，左手侧上举，右臂于胸前屈臂，双臂于拉弓姿势。

①—②

③—④

⑤—⑧

图5-9-1

第二个八拍 (图5-9-2)

①—②：收左脚成直立，低头，双臂经侧向下绕至体前交叉，拳心向内。

③—④：左脚向左侧出一步呈开立，同时双臂侧下举。

⑤—⑧：收左脚并拢，双臂经体侧向上绕至左臂侧平举，立掌。右臂上举至耳后，手心向上。

①—②　③—④　⑤—⑧

图5-9-2

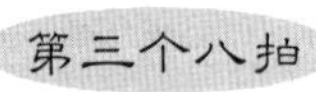
第三个八拍 (图5-9-3)

①—②

③—④

⑤—⑥

⑦—⑧

图5-9-3

①—②：双脚并步屈膝半蹲，左手体前握拳砸在右手上，右手手心向上。

③—④：左脚向左跨出一步，同时两臂侧下举，眼看向左侧。

⑤—⑥：两脚开立，两臂经体侧上举，在头顶两手合十。

⑦—⑧：屈膝下蹲成马步，同时双臂胸前平屈，双手立掌合十。

第四个八拍 （图5-9-4）

①—②：两脚开立站直，两臂侧平举冲拳，拳心向下。

③—④：下肢呈马步，同时身体左转90°，左手收拳于腰间，右手体侧立掌，眼看左侧方向。

⑤—⑧：收左脚呈直立，同时左臂经体侧冲拳上举，右拳收于腰间，眼看右侧方向。

第五至第八个八拍

同第一至第四个八拍，动作相同，方向相反。

①—② ③—④ ⑤—⑧

图5-9-4

第二节 (8拍×4)

预备姿势 直立。

第一个八拍 （图5-9-5）

①—②：身体向右转体30°，下肢呈右腿弓步，两臂于胸前平屈交叉，立掌。

③—④：收右脚呈开立，两臂侧下举，手心向内，眼看左侧方向。

⑤—⑥：收右脚并拢直立，左臂经体侧提至侧上举勾手，右臂胸前平屈立掌。

⑦—⑧：身体向右转体90°，迈右腿呈弓步，左手不动，右臂经体前平推立掌。

①—② ③—④ ⑤—⑥ ⑦—⑧

图5-9-5

第二个八拍 （图5-9-6）

①—②：下肢弓步，右拳收抱于腰间，左拳经前冲成平拳，拳心向下。
③—④：下肢弓步，收左拳抱于腰间，右臂冲成平拳。
⑤—⑥：两腿屈膝下蹲呈马步，右臂不动，左臂体侧冲成平拳。
⑦—⑧：收右脚直立，双臂经体侧放下。

第三至第四个八拍

同第一至第二个八拍，动作相同，方向相反。

①—② ③—④ ⑤—⑥ ⑦—⑧

图 5-9-6

第三节 (8 拍×4)

预备姿势 直立。

第一个八拍 (图 5-9-7)

①—②：右腿屈膝提起，同时左臂手掌侧上举，右手收至左腋下，掌心向上，目视左掌。
③—④：右脚落地呈仆步，右手掌掌指朝前，沿右腿内侧穿至右脚面，目视右掌。
⑤—⑥：两腿屈膝下蹲成马步，双臂经下体侧绕环至侧平举，手掌变下勾手。
⑦—⑧：收右脚直立。

①—② ③—④ ⑤—⑥ ⑦—⑧

图 5-9-7

第二个八拍 (图 5-9-8)

①—②：下肢左脚上步成前弓步，左拳收抱于腰间，右手体前冲成平拳。
③—④：下肢前弓步不动，收右拳抱于腰间，左拳体前冲成平拳。
⑤—⑥：同①—②。
⑦—⑧：收左脚直立。

第三至第四个八拍

同第一至第二个八拍，动作相同，方向相反。

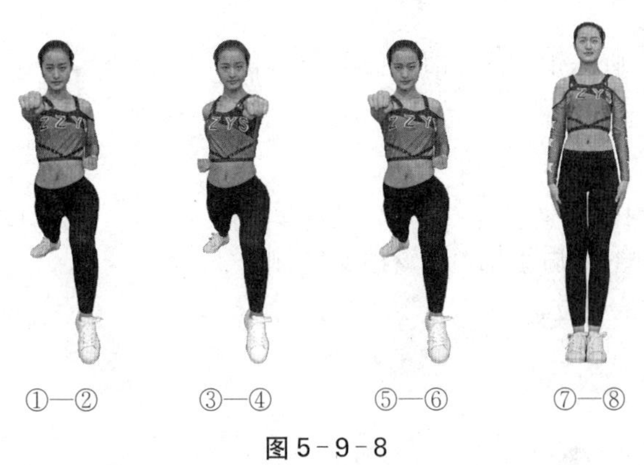
①—② ③—④ ⑤—⑥ ⑦—⑧

图5-9-8

第四节 (8拍×2)

预备姿势 直立。

第一个八拍 (图5-9-9)

①—④:迈左脚,两腿屈膝下蹲呈马步,双臂向前冲成平拳。

⑤—⑧:收左脚直立,双臂胸前屈臂握拳交叉。

①—④ ⑤—⑧ ①—④ ⑤—⑧

图5-9-9 图5-9-10

第二个八拍 (图5-9-10)

①—④:迈右脚,两腿屈膝下蹲呈马步,两臂侧上举,双掌上托。

⑤—⑧:收右脚直立。

重复第二节和第三节。

结束。

§5.10 徒手姿态操

一、第一段:上肢、下肢、头颈部姿态练习

第一节 上肢姿态(8拍×1,见图5-10-1)

预备姿势 直立。

①:左脚侧出半步开立,同时两手背后相握(左手握右手手腕),右手握拳拳心向后;上体保持不动。

②：收左脚还原成直立。

③：前半拍：左臂前举；后半拍：右臂前举（掌心相对）。

④：左臂上举。

⑤：右臂上举。

⑥：左臂落至侧举（掌心向下），同时头左转，眼看左手。

⑦：前半拍：右臂落至侧举；后半拍：左臂落至体侧下垂。

⑧：右臂落至体侧下垂成直立。

图 5－10－1

第二节　上肢姿态（8 拍×1，如图 5－10－2）

预备姿势 足尖并拢的直立。

①：左脚起踵，屈膝。同时右臂摆至前下举，左臂摆至后举（掌心向内）。

②：右脚起踵，屈膝。同时左臂前摆至前下举，右臂后摆至后举，上体保持正直。

③：前半拍：腿动作同①，两臂至前侧举；后半拍：双脚提踵，两臂至侧上举，稍抬头。

④：双脚落踵，两臂经侧落下成直立。

⑤：腿的动作同①，右臂侧下举。

⑥：腿的动作同②，左臂侧下举。

⑦：前半拍：腿的动作同①，两臂体前交叉（右臂在前，掌心向内），低头。后半拍：双脚起踵立，两臂经侧至上举交叉振臂（掌心向前），稍抬头。

⑧：双脚落踵，两臂经侧还原成直立。

图 5-10-2

第三节　上肢姿态(8 拍×1,如图 5-10-3)

预备姿势　直立。

①：以右脚尖、左脚跟为轴向左转 90°,右脚后点地,左脚支撑。同时左臂后举,右臂前下举(掌心向内)。

②：左臂前上举。

③：前半拍：右臂前上举,同时左臂平屈于胸前,手指扶右臂三角肌下沿。后半拍：头向右后转。

④：以左脚跟、右脚尖为轴向右转 90°收左腿,同时两臂还原成直立。

⑤—⑧：同①—④,但方向相反。

图 5-10-3

第四节　头部姿态(8 拍×2)

第一八个拍　(图 5-10-4-1)

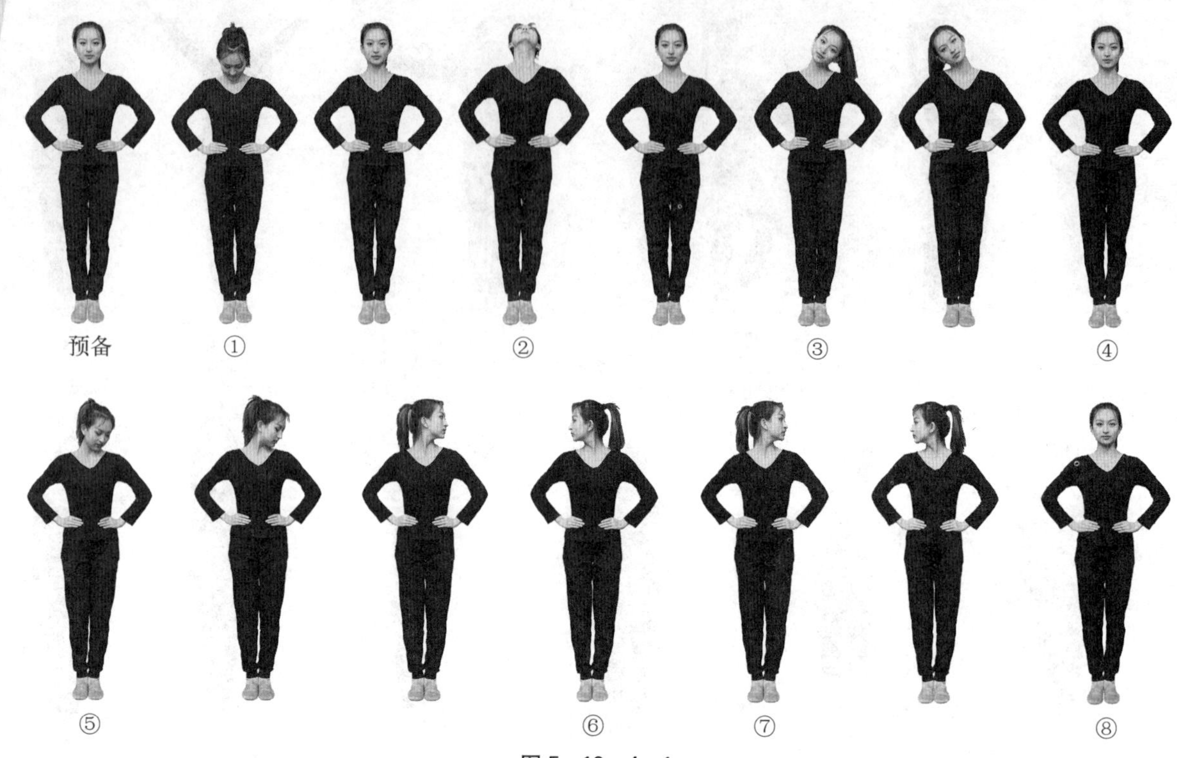

图 5－10－4－1

预备姿势　双手叉腰，直立。

①：前半拍：头前屈。后半拍：还原。

②：前半拍：头后屈。后半拍：还原。

③：前半拍：头左侧屈。后半拍：右侧屈。

④：头还原。

⑤：头经前屈，向左绕至左转，并稍抬下颌。

⑥：头由左经前屈向右绕至右转，并稍抬下颌。

⑦：前半拍：头由右转至左转。后半拍：头右转。

⑧：头还原。

第二个八拍　（图 5－10－4－2）

①—④：头经前屈向左绕环一周。

⑤—⑧：头向右绕环至前屈还原。

图 5－10－4－2

第五节　下肢姿态（8 拍×1，见图 5－10－5）

预备姿势　双手叉腰，直立。

①：足跟相靠起踵立，上体保持正直。

②：两膝分开半蹲，足跟相靠。

③：前半拍：全蹲。后半拍：迅速起踵立。

④：落踵成预备姿势。

⑤：前半拍：抬左腿，大腿与上体成直角，足尖绷直。后半拍：向前下方弹踢小腿呈前下举。

⑥：左腿还原直立。

⑦：同⑤，但右腿做。

⑧：右腿还原直立。

图5-10-5

第六节 上肢姿态(8拍×1,图5-10-6)

预备姿势 直立。

①:左脚侧出半步开立,同时两臂肩侧屈手指触肩。

②:前半拍:两手握拳,两臂侧上举(拳心向内),抬头;后半拍:两臂收回至肩侧屈。

③:前半拍:两臂侧上举,伸掌(掌心相对),抬头;后半拍:两臂呈头后屈。

④:两臂经侧举落至体侧,同时收回左脚呈直立。

⑤—⑧:同①—④,但方向相反。

从第一节至第六节再重复练习一遍。

图5-10-6

二、第二段:四肢与躯干配合的姿态练习

第七节 下肢姿态(8拍×1,图5-10-7)

预备姿势 直立。

①：左腿后点地，两臂上举（掌心向前）。

②：前半拍：左腿前踢，同时两臂落至前举触脚面；后半拍：左腿落下与右脚并拢，两臂至上举（掌心向前）。

③：前半拍：左腿侧踢，两臂侧举（掌心向下）；后半拍：左腿落下与右腿并拢。

④：两臂还原成直立。

⑤—⑧：同①—④，但踢右腿。

图 5 - 10 - 7

第八节　躯干姿态（8 拍×1，如图 5 - 10 - 8）

预备姿势　直立。

①：左脚侧出呈弓步，上体左侧倾，左臂上举，右手叉腰，接着右膝伸直。

②：屈左膝成左弓步，手臂动作同①。

③：前半拍：重心移至右弓步，左臂上举，右臂肘向外，虎口向内撑右膝上部，上体向右侧倾；后半拍：右膝伸直，左腿侧下举，右腿支撑站立。

④：收左脚，左臂经侧还原成直立。

⑤—⑧：同①—④，但方向相反。

图 5 - 10 - 8

第九节　躯干姿态（8 拍×1，如图 5 - 10 - 9）

预备姿势　直立。

①：左脚侧出半步，左臂侧举（掌心向下），右手叉腰，同时头向左转，眼睛看向左手。

②：前半拍：左臂于胸前平屈，肘与肩平，手指触右肩（掌心向下），同时上体向右转 90°，头向右转。

后半拍：左臂经下伸直外绕至上举。

③：前半拍：屈左腿，上体右侧屈；后半拍：身体还原成①的姿势。

④：收左脚，还原成直立。

⑤—⑧：同①—④，但方向相反。

图 5-10-9

第十节　躯干姿态(8 拍×1，如图 5-10-10)

预备姿势　直立。

①：左脚侧出半步，两臂于胸前平屈后振。

②：两臂前伸，手掌向上翻，经上举向下、后绕环至上举（掌心向前），同时抬头体后屈。

③：前半拍：上体前屈，手指触地，低头；后半拍：抬上体并向左转体 90°，两臂经前举分臂成侧举后振，重心落在右腿。

④：收左腿，同时两臂还原成直立。

⑤—⑧：同①—④，但方向相反。

图 5-10-10

第十一节　整体姿态(8 拍×1，如图 5-10-11)

预备姿势　直立。

①：左腿前举，同时两臂侧举。

②：左腿向左前 45°跨成弓步，同时两臂经下至左臂前上举，右臂后下举（掌心向下），抬头。

③：前半拍：移成后弓步，同时上体前屈，左手触左脚面，右臂侧举；后半拍：同②。

④：左腿蹬地收回与右腿并拢，同时向右转体 45°，两臂还原成直立。

⑤—⑧：同①—④，但方向相反。

图 5-10-11

第十二节　躯干姿态(8 拍×1,如图 5-10-12)

预备姿势 直立。

①:左脚左出一步,同时左臂侧下举,头左转。

②:右腿向左脚后侧做掖步,同时右臂体前下举与左臂平行,上体前倾,低头。

③:前半拍:两脚以前脚掌为轴转体 180°成两臂侧举(掌心向下)的体后屈并抬头;后半拍:继续转体 180°呈交叉腿半蹲两臂侧举,上体抬起。

④:收左腿两臂还原,成直立。

⑤—⑧:同①—④,但方向相反。

从第七节至第十二节再重复练习一遍。

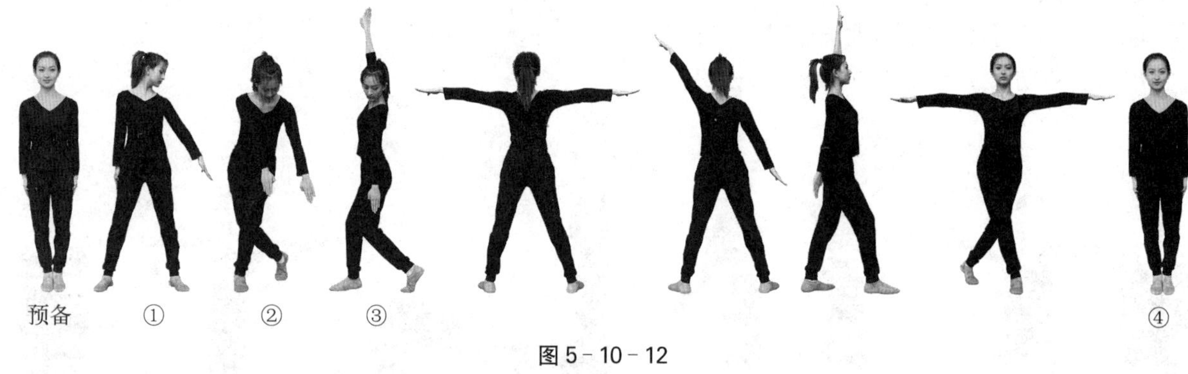

图 5-10-12

三、第三段:跳跃中的姿态练习

第十三节　绕臂跳(8 拍×4)

第一个八拍 (图 5-10-13)

预备姿势 直立。

①—②:双脚跳成开立,同时两臂向内绕经体前交叉至侧举(掌心向上)。

③—④:双脚跳至并立,两臂头后屈(手扶头后)。

⑤—⑥:双脚跳至开立,两臂侧举(掌心向下)。

⑦—⑧:跳还原成直立。

第二个八拍

①:同①—②。

②：同③—④。

③：同⑤—⑥。

④：同⑦—⑧。

⑤—⑧：同①—④。

第三、四个八拍

同第一、二个八拍。

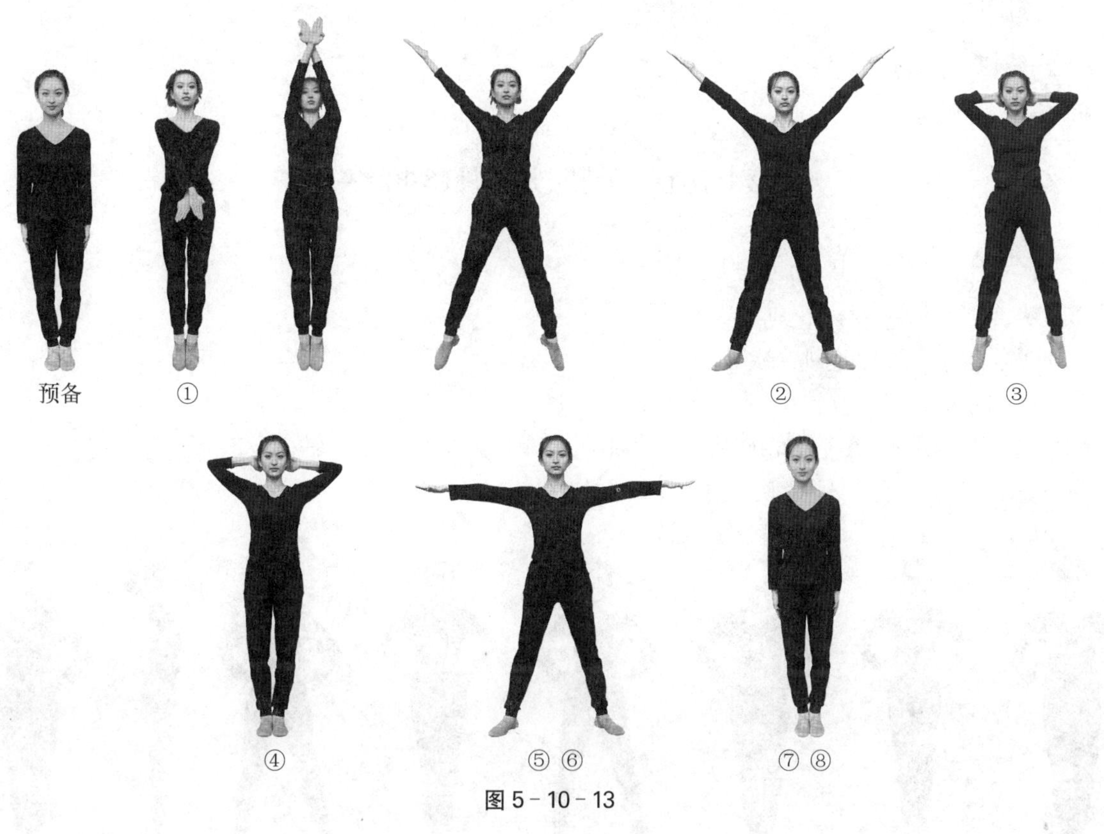

图 5－10－13

第十四节　分腿跳(8 拍×4)

第一个八拍　(图 5－10－14)

预备姿势　直立。

①—②：双脚跳，左脚落地，右腿后举，同时上体左转 45°，左臂侧上举，右臂侧后举，抬头看左手。

③—④：跳成并立，两臂还原。

⑤—⑥：同①—②，但方向相反。

图 5－10－14

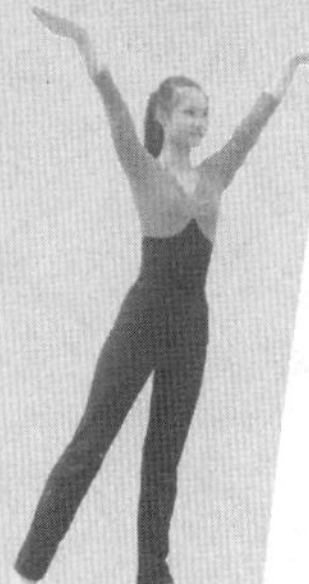

⑦—⑧：同③—④。

第二个八拍

①：同①—②。

②：同③—④。

③：同⑤—⑥。

④：同⑦—⑧。

⑤—⑧：同①—④。

第三、四个八拍

同第一、二个八拍。

第十五节　分腿、并腿跳(8 拍×4)

第一个八拍　(图 5-10-15-1)

预备姿势　两手叉腰直立。

①—②：双手叉腰原地跳一次。

③—④：双脚跳成开立。

⑤—⑥：双脚跳起，在空中相碰后分腿落地。

⑦—⑧：双脚跳还原，呈双手叉腰直立。

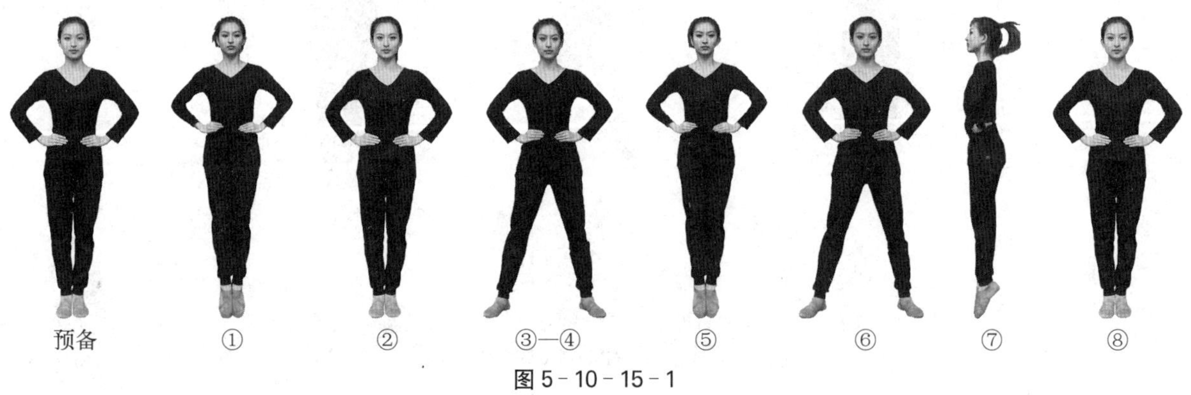

图 5-10-15-1

第二个八拍　(图 5-10-15-2)

预备姿势　两手叉腰直立。

①—②：双脚跳至左脚在前的开立。

③—④：双脚跳交换腿呈右脚在前的开立。

⑤—⑥：双脚跳在空中双脚相碰后开脚仍成右脚在前的开立。

图 5-10-15-2

⑦—⑧：双脚跳至并拢成双手叉腰的直立。

第三、四个八拍

同第一、二个八拍，但一拍一动。

第十六节　整理运动(8拍×1，如图5-10-16)

预备姿势 直立。

①—⑧：原地踏步。

图5-10-16

§5.11 活力健美操

前奏(8拍×1，如图5-11-1)

预备姿势 背对前方的开立，稍低头，两臂自然下垂。

①—④：两臂经侧向上(掌心向下)至上举交叉，柔和，连贯，四拍完成。第④拍时，两手翻掌(掌心向外)。

⑤—⑧：两臂经侧向下(掌心向上)，摆至下垂。

图5-11-1

第一节　伸展运动(8拍×4)

第一个八拍 (图5-11-2)

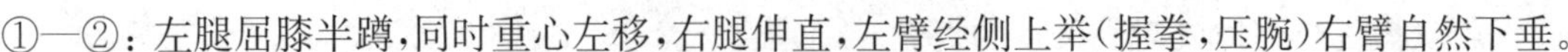

①—②：左腿屈膝半蹲，同时重心左移，右腿伸直，左臂经侧上举(握拳，压腕)右臂自然下垂。

③—④：左腿蹬回至开立，同时左臂下摆至体侧(拳心向右)。

⑤—⑥：同①—② ，但方向相反。

⑦—⑧：同③—④。

图 5-11-2

第二个八拍 (图 5-11-3)

①—②：左腿屈膝半蹲，同时重心左移，右腿伸直，左臂屈肘向上旋内经右下向左平冲拳(握拳，拳心向下)。

③—④：左腿蹬回至开立，同时左臂下摆至体侧(拳心向右)。

⑤—⑥：同①—②，但方向相反。

⑦—⑧：以左脚为轴，向右后转体 180°呈面向前的开立，两臂屈肘握拳于腰际(拳心向上)。

图 5-11-3

第三个八拍 (图 5-11-4)

图 5-11-4

①：左臂伸直旋内向上至上举(拳心向外)，同时右臂屈于腰际(握拳，拳心向上)，身体挺直伸展，左脚尖点地。

②：左臂旋外屈肘至肩侧屈。

③：同①。

④：重心在两脚上，稍屈膝，左手臂收至腰际(握拳，拳心向上)。

⑤—⑧：同①—④，但方向相反。

第四个八拍　(图5-11-5)

①：同第三个八拍的①。

②：同第三个八拍的①，但方向相反。

③：同①。

④：右臂伸直旋内向上至上举(五指张开，掌心向前)。左臂屈肘于腰际。

⑤—⑥：左腿全蹲，膝关节内扣，脚跟提起，同时右腿屈膝，上体前屈，低头，含胸，右臂由上经前自下至五指撑地(手指向前)。

⑦—⑧：手推离地面同时上体起立还原成开立，两手叉腰。

图5-11-5

第二节　头部运动(8拍×4)

第一个八拍　(图5-11-6)

①：左腿向前屈膝(脚跟提起)。

②：腿伸直还原。

③：头前屈。

④：头还原。

⑤：同①。但方向相反。

图5-11-6

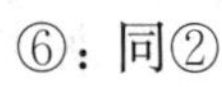

⑥：同②。

⑦：同③。

⑧：头还原。

第二个八拍 （图 5－11－7）

①：左腿屈膝旋内（脚跟提起）。

②：左腿旋外同时伸直膝关节呈开立。

③：头向左转 90°。

④：头向右转 90°。

⑤—⑧：同①—④，但方向相反。

① ② ③ ④ ⑤ ⑥ ⑦ ⑧

图 5－11－7

第三个八拍 （图 5－11－8）

①：双手叉腰，半蹲。

②：腿还原。

③：前半拍：头向左侧屈。后半拍：头向右侧屈。

④：头还原。

⑤—⑧：同①—④，但方向相反。

第四个八拍：

①—⑧：两腿开立头部由前下、右、后、左、前下绕环 1 周并还原。

① ② ③ — ④

图 5－11－8

第三节 肩部运动（8 拍×6）

第一个八拍 （图 5－11－9）

①—②：左腿直立同时右脚收回屈膝于左脚旁（脚尖踮起），两臂自然放下于体侧，双肩向后环绕一周。

③—④：左腿屈膝（提踵）同时右腿伸直（滚动步），双肩向后环绕一周。

⑤—⑥：左腿伸直同时右腿屈膝(提踵)，双肩向前环绕一周

⑦—⑧：左腿屈膝(提踵)同时右腿伸直，双肩向前环绕一周。

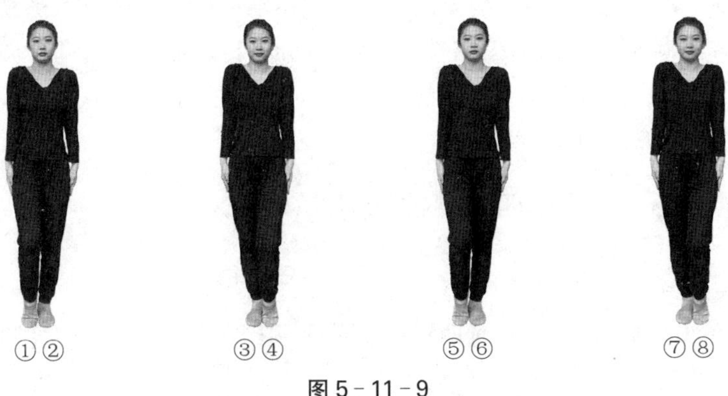

①②　　③④　　⑤⑥　　⑦⑧

图 5－11－9

第二个八拍　(图 5－11－10)

①—②：左脚左出一步，同时左臂伸直(掌心向外)向后大绕环二周(一拍一周)至体侧(五指并拢)。

③—④：重心移至左腿上，同时右腿向左斜前 45°方向弹踢腿(近 90°)，两臂贴于体侧。

⑤—⑥：右脚落至右侧，同时右臂伸直(掌心向外)向后大绕环二周(一拍一周)至体侧(五指并拢)。

⑦—⑧：重心移至右腿同时左腿向右斜前 45°方向弹踢腿(近 90°)。

第三、四个八拍

同第一、二个八拍。

①②　　③④　　⑤⑥　　⑦⑧

图 5－11－10

第五个八拍　(图 5－11－11)

①：左腿直腿侧伸，脚尖内侧点地呈右腿屈膝的侧弓步，同时右肩上提，肘部弯曲上提(五指张开，

①　　②　　③　　—　　④

图 5－11－11

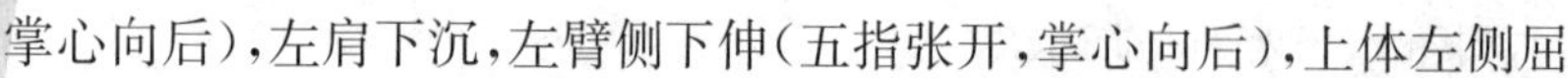

掌心向后），左肩下沉，左臂侧下伸（五指张开，掌心向后），上体左侧屈。

②：右脚并与左脚（提踵立），同时左肩上提，右肩下沉（五指张开，掌心向后），两臂微微张开。

③：前半拍，半蹲，同时右肩上提，左肩下沉（五指张开，掌心向后），两臂微微张开。

③：后半拍，半蹲加深，同时左肩上提，右肩下沉（五指张开，掌心向后），两臂微微张开。

④：半蹲更深同时右肩上提，左肩下沉（五指张开，掌心向后），两臂微微张开。

⑤—⑧：同①—④，但方向相反。

第四节　扩胸运动(8 拍×4)

第一个八拍　（图 5 - 11 - 12）

①：左脚向左跨一步呈提踵开立，同时两臂由胸前平屈经前伸直向侧打开扩胸（五指张开，掌心向前），抬头挺胸。

②：右脚并于左脚旁并屈膝，同时含胸低头，两臂于胸前平屈（五指张开，掌心向内）。

③：同①，但方向相反。

④：同②，但方向相反。

⑤：左脚左侧前跨出 45°屈膝呈左弓步，右腿后伸旋外，脚尖点地，右臂上举后振（握拳，掌心向前），左臂下举后振（握拳，掌心向后）。

⑥：右腿屈膝收至左脚旁，同时左臂上举后振（握拳，掌心向前），右臂下举后振（握拳，掌心向后）。

⑦：右腿后伸旋外，脚尖点地，同时臂的动作同⑤。

⑧：右腿屈膝收至左脚旁，同时两臂经侧至胸前平屈（五指张开，掌心向后），含胸，低头，身体右转 45°。

第二个八拍

同第一个八拍，但方向相反。

第三、四个八拍

同第一、二个八拍。

图 5 - 11 - 12

第五节　踢腿运动(8 拍×4)

第一个八拍　（图 5 - 11 - 13）

①：左脚向左迈出一步，向左转体 90°，同时两臂前举（握拳，拳心向下内扣）。

②：右脚并于左脚旁半屈点地，同时两臂屈肘，前臂外旋收至腕触腰际（握拳，拳心向上），同时转头右看。

③：前半拍，左腿蹬直同时右腿向前弹踢腿，两臂旋内前伸至平举（握拳，拳心向下）。

③：后半拍，右腿收回同时两腿屈膝向右转体 180°，两臂屈肘，前臂旋外收至腕触腰际（握拳，拳心向上），同时转头前看。

④：左脚收回，半蹲，臂保持原来姿势。

⑤—⑧：同①—④，但方向相反。

第二个八拍

同第一个八拍。

图 5-11-13

第三个八拍 （图 5-11-14）

①：左脚前脚掌点蹬地面，同时右腿半蹲，上体稍前倾，两臂屈肘于体前向下“敲”击一下（握拳，拳心向内）。

②：同①。

③：左脚提踵站立，同时右腿侧上踢，上体立起，两臂经胸前平屈上伸至上举（五指张开，掌心向前）。

④：左腿半蹲，同时右腿屈膝落下，前脚掌点地于左脚旁，上体稍向前倾，两臂屈肘落下（握拳，拳心向内）。

⑤—⑧：同①—④，但方向相反。

第四个八拍

同第三个八拍。

图 5-11-14

第六节　体侧运动（8 拍×4）

第一个八拍 （图 5-11-15）

①：左脚向左一步半蹲成马步，同时左手叉腰，右臂屈肘 90°，前臂旋内提起至头上（握拳，拳心向外），上体左侧屈，头右转 90°（眼看右前臂）。

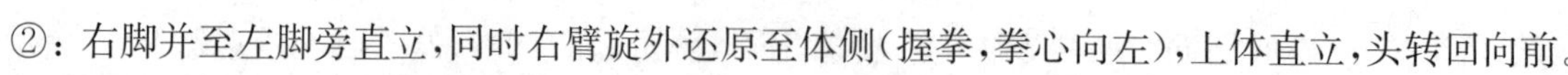

②：右脚并至左脚旁直立，同时右臂旋外还原至体侧(握拳，拳心向左)，上体直立，头转回向前。

③：同①。

④：同②，仅双脚不并拢，伸直开立，两臂放下至腹前交叉(五指张开，掌心向后)。

⑤：上体向右侧屈，同时右臂侧举，左臂肘上提(五指张开，掌心向后)。

⑥：上体还原，同时两臂于腹前交叉(五指张开，掌心向后)。

⑦—⑧：同⑤—⑥，但方向相反。

第二个八拍

同第一个八拍，但方向相反。

第三、四个八拍

同第一、二个八拍。

图 5-11-15

第七节　体转运动(8 拍×4)

第一个八拍　(图 5-11-16)

①：两腿经半蹲至左脚尖侧点地，同时提胯，重心移至右脚站立，上体向左拧转 90°，两臂屈肘，前臂旋外(握拳，拳心向后)。

②：两腿开立，屈膝半蹲，同时上体转回，两臂自然放下(握拳，拳心向后)。

③：同①，但方向相反。

④：腿同②，同时上体转回，左手握拳屈肘于腰际，右臂屈肘，前臂旋外收至肩侧下屈(握拳，拳心向内)。

⑤：左脚尖点地，同时重心移至右脚站立，上体向左转体 90°，右臂由肩侧下屈(拳心向内)向前旋内冲拳至前平举(拳心向下)，左手握拳屈肘置于腰际(拳心向上)。

⑥：两腿开立，屈膝半蹲，重心落于右脚，前脚掌点地，同时上体向右转回，右臂屈肘，前臂旋外收至腰际，头看向正前方。

图 5-11-16

⑦：左脚尖点地，重心移至右脚站立，同时上体向左转体 90°，右臂旋内向上冲拳至上举（拳心向右）。

⑧：同②。

第二个八拍

同第一个八拍，但方向相反。

第三、四个八拍

同第一、二个八拍。

第八节 腹背运动(8 拍×8)

第一个八拍 （图 5-11-17）

①：左腿经屈膝向左一步呈开立，同时两臂侧举，屈肘内收，两臂旋外（握拳，拳心向上），紧接着两臂向侧伸开。

②：右腿经屈膝向左一步，同时向左转体 180°呈开立，臂同①。

③：左腿经屈膝向右一步，同时向左后转体 180°呈开立，臂同①。

④：重心移至左脚上，同时右臂屈肘 90°，前臂旋内提臂至头上（握拳，拳心向外），身体稍向左拧转，左臂握拳自然下垂（拳心向右）。

⑤—⑥：上体前屈，左臂由胸前平屈向右斜下伸出（拳变掌，五指自然分开，掌心向上），右臂由屈肘向上伸出（拳变掌，五指自然分开）。

⑦—⑧：同⑤—⑥，但方向相反。

图 5-11-17

第二个八拍 （图 5-11-18）

①—②：上体向前下屈，同时两臂由腹前胯下向后伸（五指自然张开，掌心向上），紧接着上体稍抬起。

③—④：同①—②。

⑤—⑥：两腿屈膝开跨半蹲，同时上体挺胸尽量前倾，两臂经前下交叉至侧举（握拳，拳心向下）。

图 5-11-18

⑦：两腿跳起并立，同时两臂上举（握拳，拳心向外）。

⑧：两臂经侧放下还原（握拳，拳心向内）。

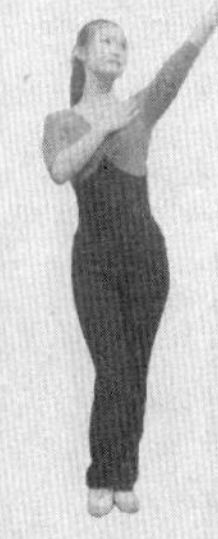

第三、四个八拍

同第一、二个八拍，但方向相反。

第五至第八个八拍

同第一至第四个八拍。

第九节　髋部运动(8拍×8)

第一个八拍　（图5-11-19）

①—②：跳起落地时全蹲，同时屈肘外张，两手扶膝（五指相对）。

③—④：两腿蹬地跳起成开立，左臂前伸，屈肘向上经内、下绕至前举（五指张开，掌心向下）右手叉腰。

⑤：两腿伸直，向左上顶胯。

⑥：同⑤，但方向相反。

⑦—⑧：同⑤—⑥。

第二个八拍

同第一个八拍，但方向相反。

图5-11-19

第三个八拍　（图5-11-20）

①：左腿直立，同时右腿屈膝后举，然后落下并向右侧脚尖点地，同时顶右髋，两臂由体侧向右屈肘摆动，前臂上挑（五指张开，掌心相对）至腹前和右肩侧。

②：胯向左顶出，同时左腿伸直，右脚并于左脚旁，右腿微屈，两臂经下自然后摆（握拳，拳心相对）。

③—④：同①—②。

图5-11-20

⑤—⑧：同①—④，但方向相反。

第四个八拍 （图5-11-21）

①—②：右腿向后屈膝举腿，右臂屈肘，前臂向上、左，下绕至右侧（握拳，拳心向下）。接着右腿侧伸同时脚尖点地，右臂由侧屈肘向上至肩侧屈（握拳，拳心向内），头右转90°看右小臂。

③—④：同①—②，但方向相反，头转正。

⑤：左腿弯曲内扣，向右顶胯，同时右腿伸直，两臂肩上屈肘90°（握拳，拳心向对），上体向右侧弯曲。

⑥：同⑤，但方向相反。

⑦：腿同⑤，右臂旋内下举（握拳，拳心向外），左臂旋内上举（握拳，拳心向外），上体向右侧弯曲，眼睛看向右边。

⑧：同⑦，但方向相反。

第五至第八个八拍

同第一至第四个八拍，但方向相反。

图5-11-21

第十节 全身运动(8拍×8)

第一个八拍 （图5-11-22）

①：左腿屈膝斜前45°方向上提，同时右腿半蹲，面向前，两臂屈肘90°侧平后振（握拳，拳心向下）。

②：左脚落下，同时两腿伸直，两臂前伸（握拳，拳心向下）。

③—④：同①—②，但屈膝上提要更高点。

⑤：左腿半蹲，同时右腿屈膝侧上吸腿，两臂旋内经侧上举（握拳，拳心向外）。

图5-11-22

⑥：右脚落下，同时两腿伸直，两臂旋外经侧向下至体侧。

⑦—⑧：同⑤—⑥。但屈膝上提要更高点。

第二个八拍

同第一个八拍。

第三个八拍 （图 5 - 11 - 23）

左转 90°，面向左方开始。

①：左脚向前迈出一步，同时右臂伸直前摆，左臂伸直后摆（五指并拢，掌心相对）。

②：右脚向前迈出一步，同时左臂伸直前摆，右臂伸直后摆（五指并拢，掌心相对）。

③：同①。

④：左腿提踵直立，同时右腿高抬，左臂伸直前上举，右臂伸直后摆。

⑤：右脚后退一步，同时右臂伸直前摆，左臂伸直后摆。

⑥：左脚后退一步，同时左臂伸直前摆，右臂伸直后摆。

⑦：同⑤。

⑧：左腿后伸，脚尖点地，同时右腿半蹲，左臂伸直前上举，右臂伸直后摆。

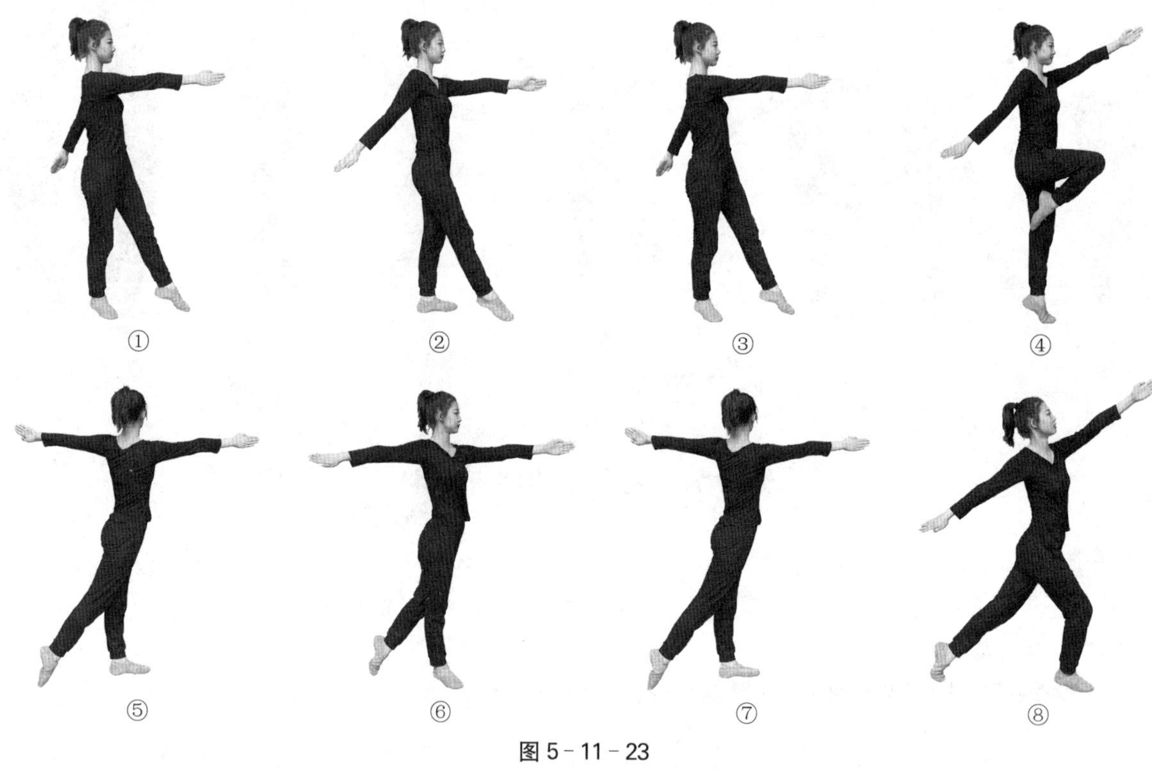

图 5 - 11 - 23

第四个八拍 （图 5 - 11 - 24）

右转 90°，面向前方。

①—⑥：同第三八拍的①－⑥。

⑦：右脚后退一步，同时两臂屈肘于胸前平屈（五指并拢，掌心向下）。

⑧：左腿后伸，脚尖点地，同时右腿半蹲，两臂摆至侧平举（五指并拢，掌心向下，抬头，挺胸。

第五个八拍

同第三个八拍，但右转 90°，面对右方开始做。

第六至第八个八拍

同第一至第五个八拍，但方向相反。

图 5-11-24

第十一节 跳跃运动(8 拍×17)

第一个八拍 (图 5-11-25)

预备动作 右脚开始的原地自然跑步。

①：右脚蹬跳落地，同时左腿微屈膝后举，右臂屈肘旋外于肩侧(握拳，拳心向上)左臂屈肘旋内于腰侧(握拳，拳心向后)。

②：同①，但方向相反。

③—④：同①—②。

⑤—⑧：同①—④。

第二个八拍

同第一个八拍。

图 5-11-25

第三个八拍 (图 5-11-26)

①：双腿并拢，屈膝蹬跳，同时两臂屈肘于体侧(握拳，拳心向内)，向下击鼓一次。

②：同①。

③：双腿蹬跳成开立，同时两臂伸直旋内经侧向上至侧上举（拳心向外），身体挺直，稍抬头。

④：蹬跳至直立，同时两臂旋外屈肘收至腰际。

⑤—⑧：同①—④。

第四个八拍

同第三个八拍。

① ② ③ ④

图 5-11-26

第五个八拍 （图 5-11-27）

①：并腿跳一次同时左臂旋外屈肘经右、上绕至肩侧上屈 90°（握拳，拳心向内），右手叉腰。

②：并腿再上跳一次，同时左臂肩侧上屈不变。

③：跳至左腿屈膝，同时右腿侧身，勾脚尖，脚跟着地的左后弓步，左臂旋内经右、下绕至侧上举（握拳，拳心向下），右手叉腰。

④：跳至直立，同时左臂经侧还原至体侧。

⑤—⑧：同①—④。

第六个八拍

同第五个八拍，但方向相反。

第七、八个拍

同第五、六个八拍。

① ② ③ ④

图 5-11-27

第九个八拍 （图 5-11-28）

预备姿势 两脚直立，同时两臂于胸前交叉平举（握拳，拳心向下），左臂在上。

①：双脚跳起呈马步下蹲，同时左臂屈肘向上、经右、后旋外至肩侧屈（拳心向内），右臂侧平举后振（拳心向下）。

②：双脚跳起蹬回至直立，同时两臂向前伸至右臂在上的前举交叉，微屈肘（拳心向下）。

③：同①，但方向相反。

④：同②。

⑤：双脚蹬成左腿屈膝的左弓步，同时上体左转90°，手臂动作同①。

⑥：同②。

⑦：同⑤，但方向相反。

⑧：同②。

第十至第十二个八拍

同第九个八拍。

图5-11-28

第十三个八拍 （图5-11-29）

①：双脚蹬跳一次，同时左腿屈膝上提，两臂于胸前平屈（握拳，拳心向下）。

②：左腿下落蹬跳一次，同时两臂向下至体侧。

③：脚同①，同时两臂经侧至上举（拳心向外）。

④：同②。

⑤：同①。

⑥：脚同②，同时左臂上举（拳心向外），右臂下垂（拳心向内）。

⑦：脚同①，同时左臂侧举（拳心向下），头转向左边，眼睛看手。

⑧：同②。

第十四个八拍

同第十三个八拍，但方向相反。

第十五至第十六个八拍

同第十三至第十四个八拍。

图5-11-29

（图 5－11－30）

臂自然放松，由左脚开始，做向前屈膝弹踢腿跳，左右腿交替进行，放松，自然跳动，使运动量由大过渡到小。

① ② ③ ④

图 5－11－30

第十二节　整理运动(8 拍×6)

第一个八拍（图 5－11－31）

①—②：左脚向前一步旋内，脚尖右转，左腿外侧向前，同时两臂内旋上举压腕（掌心向下），右腿微屈膝，稍抬头。

③—④：两腿稍屈膝，左脚脚跟上提，重心落在两腿间，同时两臂自然落下，甩腕至体侧，略低头。

⑤—⑧：同①—④，但方向相反。

第二个八拍

同第一个八拍。

①② ③④ ⑤⑥ ⑦⑧

图 5－11－31

第三个八拍（图 5－11－32）

① ② ③ ④ ⑤ ⑥ ⑦ ⑧

图 5－11－32

①—③：左脚开始后退，同时两臂弧形向前(掌心向上)然后慢慢经下向侧打开，上体随之前倾。

④：右脚向右一步，同时左脚向左一小步呈大开立，上体起立，两臂侧举(掌心向下)深吸气。

⑤—⑥：上体前屈，同时两臂向下，内绕至交叉，吐气。

⑦—⑧：上体起立，同时两臂上举头上交叉(掌心向下)深吸气。

第四个八拍 (图 5-11-33)

①—④：两臂经上交叉向侧打开至下垂同时抬头挺胸，深吸气和吐气。

⑤—⑥：左臂经右、上、左弧形圆臂绕至下垂，配合吸气和吐气，重心随之向左，向左斜前 45°转体。

⑦：左腿半蹲，同时右腿屈膝并于左腿旁，上体放松前屈，两臂自然向前下方摆出。

⑧：腿和身体同⑦，两臂自然向后下方摆出。

图 5-11-33

第五个八拍 (图 5-11-34)

①—④：右腿向右一步，右转 90°呈开立同时右臂经左、上、右弧形圆臂绕至下垂，配合吸气和吐气，重心随之向右，向右斜前 45°方向。

⑤：右腿半蹲，同时左腿屈膝并于右腿旁，上体放松前屈，两臂自然向前下摆出。

⑥：腿和身体同⑤，两臂自然向后下摆出。

⑦—⑧：左腿向左一步，左转体 45°，面向前方开立，同时两臂侧举，掌心向下。

图 5-11-34

第六个八拍 (图 5-11-35)

①—②：上体前屈同时两臂向下、内交叉绕臂，吐气。

③—④：上体起立同时两臂上举交叉吸气。

⑤—⑥：两臂继续向两侧打开，吐气。

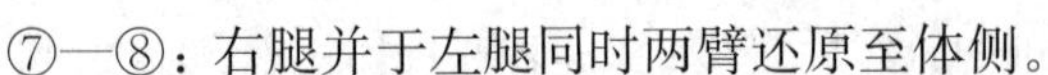
⑦—⑧：右腿并于左腿同时两臂还原至体侧。

图 5－11－35

轻器械操

§6.1 啦 啦 操

预备姿势 直立。

第一节 准备运动(8 拍×4)

第一个八拍 (图 6-1-1)

①—⑦：从左脚开始原地踏步，双臂屈臂于胸前。

⑧：还原成直立。

预备

①—② ⑤—⑥

③—④ ⑦—⑧

图 6-1-1

第二个八拍 (图 6-1-2)

图 6-1-2

①—②：直立，左臂平屈于胸前，右臂斜上举。
③—④：直立，左臂斜上举，右臂不动。
⑤—⑥：直立，双臂收屈于胸前。
⑦：左脚向左侧出一步呈开立，同时两臂经前成侧平举。
⑧：还原成直立。

第三个八拍

同第一个八拍。

第四个八拍

同第二个八拍，方向相反。

第二节　伸展运动(8拍×4)

预备姿势　直立。

第一个八拍　(图6-1-3)

①—②：直立，双臂经侧呈侧平举。
③—④：半蹲，双臂前平举，同时两手向左转动啦啦球，头向左倾。
⑤—⑥：直立，双臂经前上举。
⑦—⑧：还原成直立。

图6-1-3

第二个八拍　(图6-1-4)

①—②：屈左膝，左臂自然下垂，右手持啦啦球击左肩。
③—④：滚动步屈右膝，左手持啦啦球击右肩。

图6-1-4

⑤：直立，双臂经侧上举至头顶，两手交叉。
⑥：直立，双臂经侧打开成斜上举。
⑦：直立，双臂经侧打开成侧平举。
⑧：还原成直立。

第三个八拍

同第一个八拍，方向相反。

第四个八拍

同第二个八拍，方向相反。

第三节 肩部运动(8拍×4)

预备姿势 直立。

第一个八拍 (图6-1-5)

①—②：屈右膝，同时右臂持啦啦球击右肩。
③—④：滚动步屈左膝，同时左臂持啦啦球击左肩。
⑤—⑥：屈右膝，右臂斜下举，掌心向内。
⑦—⑧：滚动步屈左膝，左臂斜下举，掌心向内。

预备

①—②

③—④

⑤—⑥

⑦—⑧

图6-1-5

第二个八拍 (图6-1-6)

①—②：直立，双臂经侧斜上举。
③—④：直立，双臂经侧斜下举。
⑤—⑥：直立，双臂斜下举，耸肩一次。
⑦—⑧：还原成直立。

①—②

③—④

⑤—⑥

⑦—⑧

图6-1-6

第三个八拍

同第一个八拍。

第四个八拍

同第二个八拍。

第四节　扩胸运动(8 拍×4)

预备姿势　直立。

第一个八拍　(图 6-1-7)

①—④:从左脚开始原地踏步 4 次,双臂自然摆动。

⑤—⑥:左腿前弓步,两臂侧平举。

⑦—⑧:还原成直立。

图 6-1-7

第二个八拍　(图 6-1-8)

①—②:左脚向左侧出一步成开立,双臂平屈于胸前。

③—④:向左转体 90°,形成弓步,同时双臂侧平举,头向左转,正视前方。

⑤—⑥:同①—②。

⑦—⑧:还原成直立。

第三个八拍

同第一个八拍,方向相反。

第四个八拍

同第二个八拍,方向相反。

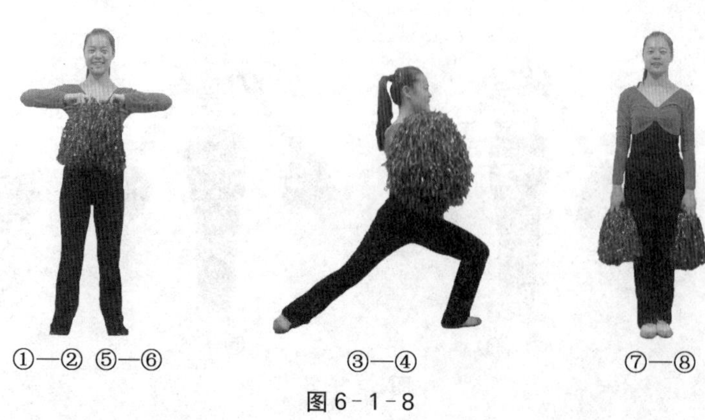

图 6-1-8

第五节　体侧运动(8 拍×4)

预备姿势　直立。

第一个八拍　(图 6－1－9)

①—②：直立，双臂侧平举。

③—④：左脚向左侧出一步，同时双臂背至腰后，眼正视前方。

⑤—⑥：上体向左侧屈一次。

⑦—⑧：还原成直立。

图 6－1－9

第二个八拍　(图 6－1－10)

①—②：左脚向左侧出一步，同时双臂侧平举。

③—④：上体右侧屈，同时右臂背至腰后，左臂屈臂于头后，眼睛正视前方。

⑤—⑥：上体再向右侧屈一次。

⑦—⑧：还原成直立。

第三个八拍

同第一个八拍。

第四个八拍

同第二个八拍。

图 6－1－10

第六节　体转运动(8 拍×4)

预备姿势　直立。

第一个八拍　(图 6－1－11)

①：左腿屈，向右顶胯一次，右手击左肩一次，眼正视前方。
②：同①，方向相反。
③—④：左脚向左侧出一步，双臂侧平举。
⑤—⑥：身体向左转 90°，右臂上举，左臂自然下垂，头向左转，眼正视前方。
⑦—⑧：还原成直立。

图 6-1-11

第二个八拍 （图 6-1-12）

①—②：左脚向左侧出一步，同时右臂屈臂于胸前，左臂自然下垂，眼睛正视前方。
③—④：同①—②，但右臂自然下垂，左臂屈臂于胸前。
⑤—⑥：上体向右转 90°，同时双臂经侧上举，头转向右。
⑦—⑧：还原成直立。

第三个八拍

同第一个八拍，方向相反。

第四个八拍

同第一个八拍，方向相反。

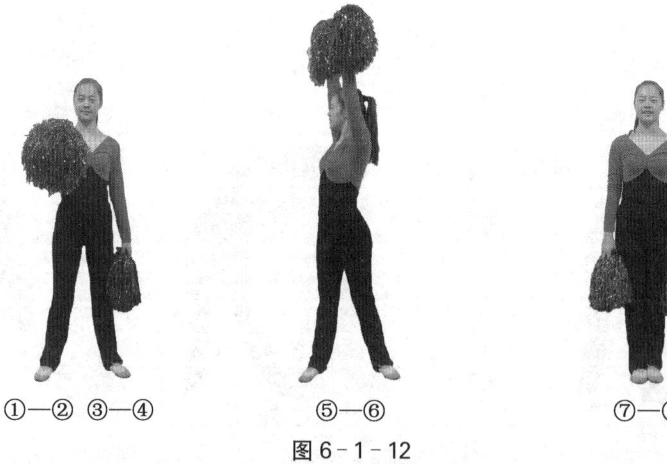

图 6-1-12

第七节　腹背运动(8 拍×4)

预备姿势 直立。

第一个八拍 （图 6-1-13）

①—②：双腿微蹲，双臂屈臂于胸前，低头含胸。

③—④：双臂侧平举，低头。

⑤—⑥：双腿直立，上体前屈，双臂向下触脚面，低头。

⑦—⑧：还原成直立。

图 6－1－13

第二个八拍　（图 6－1－14）

①—②：左腿向前成弓步，同时双臂斜下举。

③—④：上体前屈，同时双臂在弓步下击打啦啦球一次，眼睛看啦啦球。

⑤—⑥：同①—②。

⑦—⑧：还原成直立。

第三个八拍

同第一个八拍，方向相反。

第四个八拍

同第二个八拍，方向相反。

图 6－1－14

第八节　整理运动(8 拍×4)

预备姿势　直立。

第一个八拍　（图 6－1－15）

①—②：左腿屈，向右顶胯一次，同时右手叉腰，左臂自然下垂。

③—④：同①—②，方向相反。

⑤—⑥：提踵，双臂经侧上举，在头顶交叉，眼看啦啦球。

⑦—⑧：还原成直立。

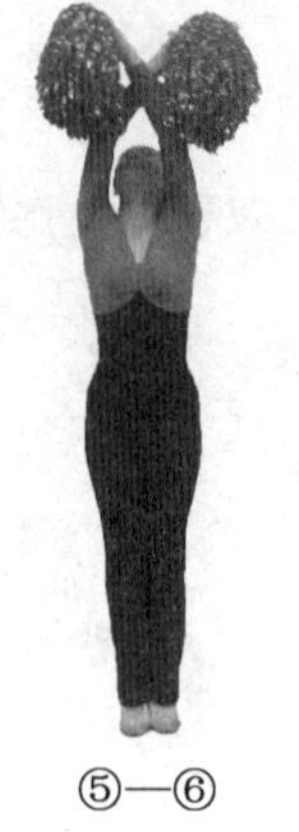

预备　①—② ③—④　⑤—⑥　⑦—⑧

图 6-1-15

第二个八拍 （图 6-1-16）

①—②：左腿屈，向右顶膝一次，同时右手持啦啦球击左肩一次，左臂自然下垂于体侧。

③—④：同①—②，方向相反。

⑤—⑥：双腿直立，双臂在体前交叉。

⑦—⑧：还原成直立。

第三个八拍

同第一个八拍，方向相反。

第四个八拍

同第二个八拍，方向相反。

①—② ③—④　⑤—⑥　⑦—⑧

图 6-1-16

§6.2 垫　上　操

第一节 (8拍×4)

预备姿势　直角坐，绷脚尖，两臂侧下举，兰花指，眼看前方。

第一个八拍 （图 6-2-1）

①—②：两臂经侧呈侧上举（掌心向下）。

③—④：还原成预备姿势。

⑤—⑥：两臂经侧上举（手背相对）。

⑦—⑧：还原成预备姿势。

图 6－2－1

第二个八拍（图 6－2－2）

①—②：两臂同时上举(手心相对)。

③—④：上体前屈，右手触左脚脚背，左手置于体侧平举。

⑤—⑥：同①—②。

图 6－2－2

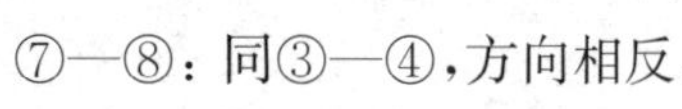

⑦—⑧：同③—④，方向相反。

第三个八拍 （图 6 - 2 - 3）

①—④：两臂同时上举（手心相对）。

⑤—⑧：上体前屈，掌心触两脚脚背，低头。

①—④

⑤—⑧

图 6 - 2 - 3

第四个八拍 （图 6 - 2 - 4）

①—④：两臂同时上举（手心相对）。

⑤—⑥：上体前屈，掌心触两脚脚背，低头。

⑦—⑧：还原成预备姿势。

①—④

⑤—⑥

⑦—⑧

图 6 - 2 - 4

第二节 （8 拍×4）

预备姿势 直角坐，绷脚尖，两臂侧下举，兰花指，眼看前方。

第一个八拍 （图 6 - 2 - 5）

①—②：屈左膝，脚尖点地（右腿伸直）。

③—④：还原成预备姿势。

⑤—⑥：屈右膝，脚尖点地（左腿伸直）。

①—②

③—④

⑤—⑥ ⑦—⑧

图6-2-5

⑦—⑧：还原成预备姿势。

第二个八拍（图6-2-6）

①—②：双腿同时屈膝，脚尖点地，双手抱腿（低头）。

③—④：还原成预备姿势。

⑤—⑥：同①—②拍。

⑦—⑧：上体直立，开胯同时双手抓住脚踝。

①—② ③—④

⑤—⑥ ⑦—⑧

图6-2-6

第三个八拍（图6-2-7）

①—④：上体前屈，低头。

⑤—⑧：上体直立，同时双手抓住脚踝。

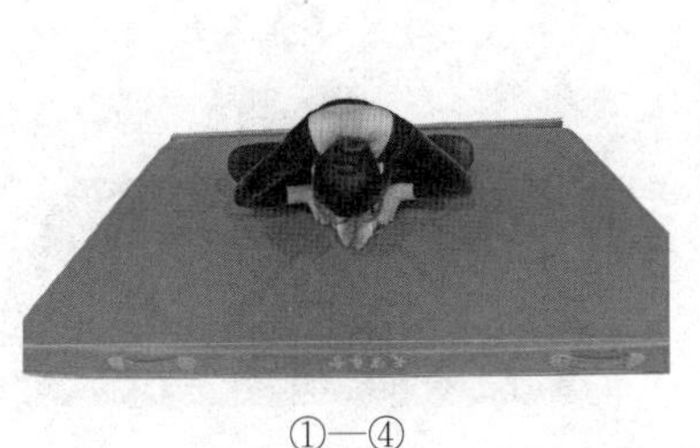

①—④

⑤—⑧

图6-2-7

同第三个八拍。

第三节 (8拍×4)

预备姿势 接上节结束动作。

第一个八拍 (图6-2-8)

①—②：右腿小腿内屈，左腿向左侧打开伸直，绷脚尖，右臂经侧上举，左臂置于体前。

③—④：上体左侧屈侧压腿，右手直臂触左脚脚尖。

⑤—⑥：同①—②。

⑦—⑧：上体右转90°，双臂置于身体两侧下举。

①—②　③—④　⑤—⑥　⑦—⑧

图6-2-8

第二个八拍 (图6-2-9)

①—②　③—④　⑤—⑥　⑦—⑧

图6-2-9

①—②：上体后屈。
③—④：上体还原正直。
⑤—⑥：上体左转 90°，两臂置于体前侧下举。
⑦—⑧：上体正直，收回左腿，两脚脚掌相对，双手抓脚踝。

第三个八拍

同第一个八拍。

第四个八拍 （图 6－2－10）

①—②：上体后屈。
③—④：上体还原正直。
⑤—⑥：上体左转 90°，两臂置于体前侧下举。
⑦—⑧：上体正直，双腿横叉打开，绷脚尖，两臂置于体前自然下垂。

①—② ③—④ ⑤—⑥ ⑦—⑧

图 6－2－10

第四节 （8 拍×4）

预备姿势 接上节结束动作。

第一个八拍 （图 6－2－11）

①—② ③—④ ⑤—⑥ ⑦—⑧

图 6－2－11

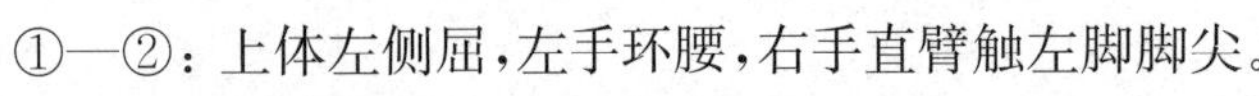
①—②：上体左侧屈，左手环腰，右手直臂触左脚脚尖。

③—④：上体还原直立，两臂侧平举。

⑤—⑧：同①—④，方向相反。

第二个八拍 （图 6－2－12）

①—②：左腿屈膝，脚跟后拉，脚跟点地，左臂屈臂 90°（五指张开，掌心向前），右臂侧平举（掌心向下）。

③—④：上体正直，双腿横叉打开，绷脚尖，两臂侧平举。

⑤—⑧：同①—④，方向相反。

①—②　③—④

⑤—⑥　⑦—⑧

图 6－2－12

第三个八拍 （图 6－2－13）

①：双腿横叉打开，绷脚尖，两臂侧平举同时向内屈臂，手指五指张开，掌心向外，指尖向内。身体向左轻轻转体。

②：上体正直，双腿横叉打开，绷脚尖，两臂侧平举同时向内屈臂，手指五指张开，掌心向外，指尖向内。

③—④：同①—②，方向相反。

⑤：上体正直，双腿横叉打开，绷脚尖，左臂侧平举，右臂向内屈臂，手指五指张开，掌心向外，指尖向内。

⑥：同⑤，方向相反。

①　②

③　④

⑤ ⑥ ⑦ ⑧

图 6－2－13

⑦：同⑤。

⑧：上体正直，双腿横叉打开，绷脚尖，两臂经侧上举（五指张开，掌心向前）。

第四个八拍　（图 6－2－14）

①—②：上体正直，双腿横叉打开，绷脚尖，两臂于体前自然下垂。

③—④：上体前倾，双腿转为青蛙趴。

⑤—⑥：向左转头一次。

⑦—⑧：向右转头一次。

①—② ③—④ ⑤—⑥ ⑦—⑧

图 6－2－14

第五节　（8 拍×4）

预备姿势　接上节结束动作。

第一个八拍　（图 6－2－15）

①—②：合腿跪坐，上体向下爬，双手触地，低头。

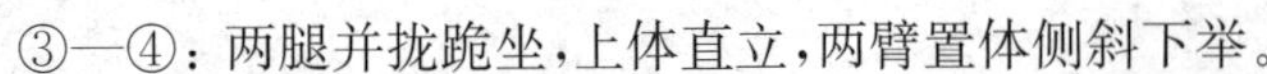

③—④：两腿并拢跪坐，上体直立，两臂置体侧斜下举。

⑤—⑥：双手体前交叉提腕。

⑦—⑧：两臂经前上举，交叉提腕。

①—② ③—④ ⑤—⑥ ⑦—⑧

图 6-2-15

第二个八拍（图 6-2-16）

①：左腿跪立，右腿伸直，脚尖内侧点地，左手上举（掌心向外），右手侧平举（提腕，掌心向下）。

①—③ ②—④ ⑤—⑥ ⑦—⑧

图 6-2-16

②：左腿跪立，右腿伸直，脚尖内侧点地，两臂置体侧斜下举。

③—④：同①—②。

⑤—⑥：左腿跪立，右腿伸直，脚尖内侧点地，双臂经侧上举（掌心向下）。

⑦—⑧：左腿收回呈双腿跪立，两臂置于体侧斜下举。

第三个八拍

同第二个八拍，方向相反。

第四个八拍　（图 6－2－17）

①—②：右腿跪立，起左腿往前迈步，两臂置于体侧。

③—④：直立，同时双手压腕。左脚向左侧出一步，右脚脚尖点地，同时双手做提压腕动作。

⑤—⑥：左脚向左侧出一步，右脚脚尖点地，两臂于体侧下举，压手腕，掌心向内。

⑦—⑧：同⑤—⑥，方向相反。

①—②　③—④　⑤—⑥　⑦—⑧

图 6－2－17

§6.3　圈　操

预备节（8 拍×4）

预备姿势　直立。

第一个八拍　（图 6－3－1）

①—⑧：双脚提踵，同时从左脚开始依次向下压脚踝 8 次，圈放在体前地面。

第二个八拍　（图 6－3－2）

①—⑧：同第一个八拍，但压脚踝同时两臂斜下压掌。

①—⑧

图 6-3-1

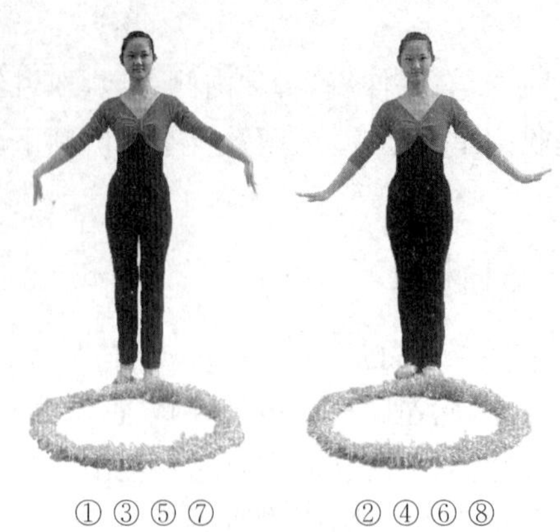

①③⑤⑦　②④⑥⑧

图 6-3-2

第三个八拍 （图 6-3-3）

①—④：直立，两臂侧平举内绕至肩上，指尖触肩，掌心向下。

⑤—⑧：直立，两臂经侧向上内绕至侧平举，掌心向上。

①—④　⑤—⑧

图 6-3-3

第四个八拍 （图 6-3-4）

①—④：两脚并立，提踵，足尖碎步左转 360°，同时手臂做上下波浪，眼正视前方。

⑤—⑥：双脚跳进圈内，全蹲，两手握圈两侧，眼正视前方。

⑦—⑧：拿圈直立。

①—④　⑤—⑥　⑦—⑧

图 6-3-4

第一节 (8拍×4)

预备姿势 接上节结束动作。

第一个八拍 (图6-3-5)

①：右脚向右侧出一步，脚跟在地，左腿弯曲，顶左胯，右臂伸直持圈侧举，左臂屈臂持圈在腰间。

②：还原成直立。

③—④：同①—②，方向相反。

⑤—⑥：半蹲，双手压圈两次。

⑦—⑧：直立，双手上举圈于头后。

第二个八拍

同第一个八拍，方向相反。

第三、第四个八拍

同第一、第二个八拍，方向相反。

①　②④　③　⑤—⑥　⑦—⑧

图6-3-5

第二节 (8拍×4)

预备姿势 接上节结束动作。

第一个八拍 (图6-3-6)

①—④：左脚开始，向左斜前45°踏步4次，双手持圈经上向前绕肩至圈于体前，圈触地面。

⑤—⑧：左脚开始，向右斜后45°踏步4次，双手持圈经上向后绕肩至圈于体后。

①—④　⑤—⑧

图6-3-6

第二个八拍

同第一个八拍,方向相反。

第三、第四个八拍

同第一、第二个八拍,方向相反。

第三节 (8拍×5)

预备姿势 接上节结束动作。

第一个八拍 (图6-3-7)

①:直立,右手持圈侧下举,掌心向前,左手斜上举,圈触地,眼看圈。

②—③:右手向内翻圈换至左手。

④:左手持圈侧下举,掌心向前,右手斜上举,圈触地,眼看圈。

⑤—⑧:同①—④,方向相反。

图6-3-7

第二个八拍 (图6-3-8)

①:左手持圈至体后,两手持圈下蹲,左脚向后迈一步,同时钻圈,眼正视前方。

②:右脚钻过圈呈蹲立,眼正视前方。

③—④:不动。

⑤:两手持圈左摆一次。

⑥:两手持圈右摆一次。

⑦—⑧:同⑤—⑥。

图6-3-8

第三个八拍 (图6-3-9)

①—②:向前钻圈,上右脚,眼正视前方。

③—④:钻过圈,左脚并右脚形成直立,两手持圈,圈在体后。

⑤—⑧:两手持圈体后左右摆动,压脚踝4次。

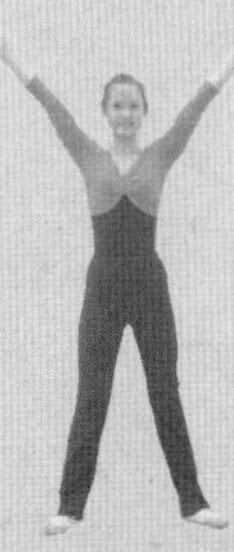

第四个八拍

同第二个八拍。

图 6-3-9

第五个八拍 (图 6-3-10)

①—④：直立，从左脚开始踏步 4 次，两手持圈于体前，圈触地面。

⑤—⑥：踏步同时两手持圈前推一次。

⑦—⑧：踏步，同时两手换成掌心向前握圈。

图 6-3-10

第四节 (8 拍×5)

预备姿势 接上节结束动作。

第一个八拍 (图 6-3-11)

①—②：左脚向左侧一步，同时双手握圈经体前向左侧摆动圈至左斜上举。重心在左脚，右脚侧点地。

图 6-3-11

③—④：同①—②，方向相反。

⑤—⑥：两手依次从内逆时针转动圈，同时向左侧并步一次。

⑦—⑧：重心在左脚，右脚侧点地，同时左手握圈斜上举，右手侧平举。

第二个八拍

同第一个八拍，方向相反。

第三、第四个八拍

同第一、第二个八拍。

第五个八拍 （图 6-3-12）

①—④：右手拿圈外翻套在腰部，圈在腰间左转同时转动 360°，双手侧上举，掌心向下。

⑤—⑧：两手拿圈右脚开始后撤出圈，掌心向内握圈，圈至体前触地。

预备　①—④　⑤　⑥　⑦—⑧

图 6-3-12

第五节 （8 拍×5）

预备姿势 接上节结束动作。

第一个八拍 （图 6-3-13）

①—⑧：右脚开始单脚跳过圈 4 次。

①③⑤⑦　②④⑥⑧

图 6-3-13

第二个八拍 （图 6-3-14）

①—④：踏步，右手持圈，体前转动，左手背后。

⑤—⑧：右脚向右侧出一步，重心在右腿，左脚侧点地。右手持圈侧下举，左手侧上举，掌心向下。

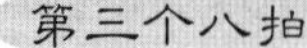

第三个八拍

同第二个八拍，方向相反。

①—②

③—④

⑤—⑧

图 6-3-14

第四、第五个八拍

同第二、第三个八拍。

第六节 (8拍×5)

预备姿势 接上节结束动作。

第一个八拍 (图6-3-15)

①—⑧：左手持圈，体前滚动移重心换至右手。

第二个八拍

同第一个八拍，方向相反。

①—④ ⑤—⑧

图6-3-15

第三、第四个八拍 (图6-3-16)

①—⑧：左手持圈，体侧绕"8"字，双脚并拢，屈膝弹动4次。

第五个八拍 (图6-3-17)

①—⑧：换右手持圈，体前体后绕"8"字。

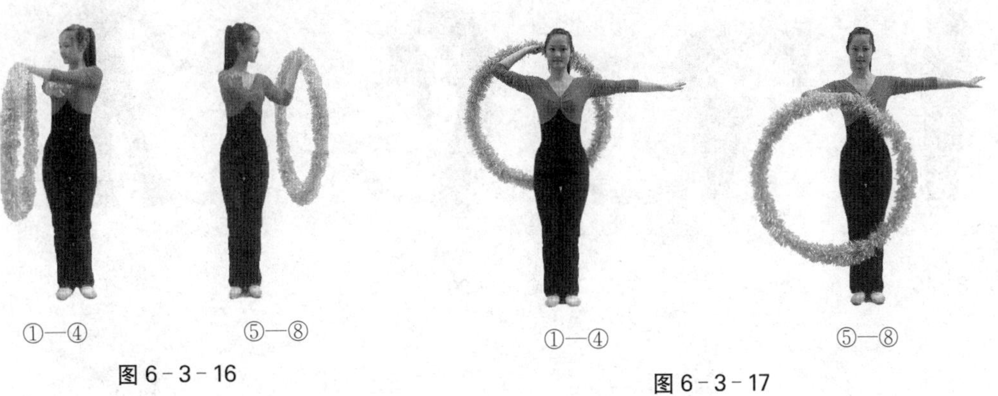

①—④ ⑤—⑧ ①—④ ⑤—⑧

图6-3-16 图6-3-17

第七节 (8拍×5)

预备姿势 接上节结束动作。

第一个八拍 (图6—3-18)

①—⑧：右手持圈，体后换手持圈，同时足尖步向右转体360°。

第二个八拍

同第一个八拍，方向相反。

图 6-3-18

第三个八拍 （图 6-3-19）

①—⑧：直立，两手持圈向上轻微摆动。

第四个八拍 （图 6-3-20）

①—⑧：右手持圈，身体右转 45°，做全身波浪。

第五个八拍 （图 6-3-21）

①—④：右手回滚圈，上体前屈，两臂前举，屈膝。

⑤—⑥：右手拿圈，右脚踩圈，半蹲，左手前摆含胸。

⑦—⑧：直立，右手持圈，左手侧斜上举，眼正视前方。

图 6-3-19

图 6-3-20

图 6-3-21

§6.4 花环操

第一节 伸展运动(8拍×4)

预备姿势 (图6-4-1)直立。

预备

图6-4-1

①—⑧

图6-4-2

第一个八拍 (图6-4-2)

①—⑧：左脚开始原地踏步，双手持环直臂前后自然摆动。

第二个八拍 (图6-4-3)

①—②：右脚向右侧侧出一步，胯同时向右顶出，同时左手屈臂于耳侧，右臂侧平举。

③—④：同①—②，方向相反。

⑤—⑥：同①—②。

⑦—⑧：同③—④。

第三个八拍

同第一个八拍。

第四个八拍

同第二个八拍。

①—② ③—④

图6-4-3

第二节 下蹲运动(8拍×4)

预备姿势 直立。

第一个八拍 (图6-4-4)

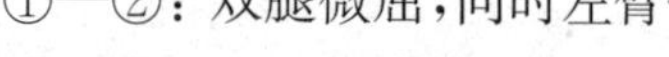

①—②：双腿微屈，同时左臂侧平举，右臂屈臂于胸前，掌心向内，眼看左手。

③—④：还原成直立。

⑤—⑥：同①—②，方向相反。

⑦—⑧：还原成直立。

预备　①—②　③—④　⑤—⑥　⑦—⑧

图 6-4-4

第二个八拍 （图 6-4-5）

①—②：双脚提踵，同时双手经侧上举呈两手交叉，眼睛正视前方。

③—④：还原成直立。

⑤—⑥：双腿微屈，同时经侧向下呈斜下举 45°，眼睛看右手花环。

⑦—⑧：还原成直立。

第三个八拍

同第一个八拍。

第四个八拍

同第二个八拍。

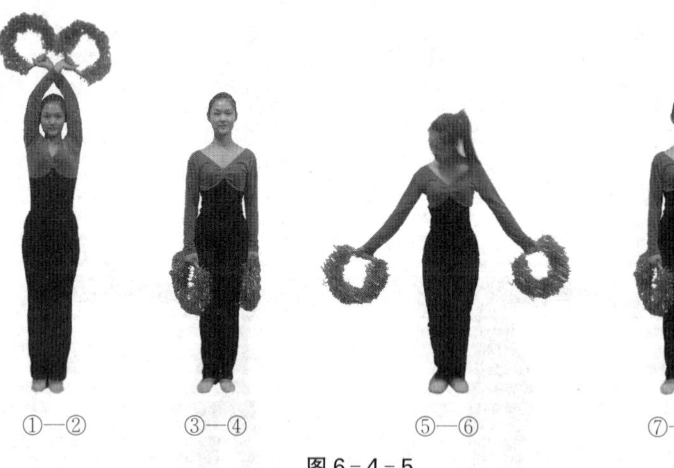

①—②　③—④　⑤—⑥　⑦—⑧

图 6-4-5

第三节　扩胸运动(8 拍×4)

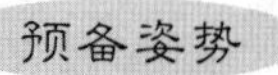

预备姿势 直立。

第一个八拍 （图 6-4-6）

①—②：下蹲，两臂屈臂于胸前，两花环重叠，同时低头含胸。

③—④：双腿直立，双臂同时打开呈侧平举，眼睛正视前方。

⑤—⑥：同①—②。

⑦—⑧：同③—④。

图6-4-6

第二个八拍 (图6-4-7)

①—②：左腿向左前侧出一步，同时右臂斜上举，左臂斜下举。

③—④：同①—②，手臂方向相反。

⑤—⑥：同①—②。

⑦：同③—④。

⑧：还原成直立。

第三个八拍

同第一个八拍。

第四个八拍

同第二个八拍，方向相反。

图6-4-7

第四节 体侧运动(8拍×4)

预备姿势 直立。

第一个八拍 (图6-4-8)

①—②：左脚脚跟前点地，同时双臂侧平举，眼睛正视前方。

③—④：左脚向左侧出一步，脚尖点地，同时身体左侧屈，双臂上举。

⑤—⑥：同①—②。

⑦—⑧：还原成直立。

第二个八拍

同第一个八拍，方向相反。

图 6-4-8

第三个八拍 （图 6-4-9）

①—②：左脚向前一步，同时双臂经侧呈侧平举。

③—④：重心稳至右腿，左脚尖点地，上体前屈，同时左臂向下，右臂上举，眼睛看左臂。

⑤—⑥：同①—②。

⑦—⑧：还原成直立。

第四个八拍

同第三个八拍，方向相反。

图 6-4-9

第五节　体转运动(8 拍×4)

预备姿势 直立。

第一个八拍 （图 6－4－10）

①—②：左脚向左侧出一步，同时左臂侧平举，右臂屈臂于胸前，掌心向下。

③—④：右臂上举，左腿后屈，眼睛正视前方。

⑤—⑥：左脚向左侧出一步，上体左转，同时左臂不动，右手花环与左手花环重叠。

⑦—⑧：同③—④。

预备　①—②　③—④　⑤—⑥　⑦—⑧

图 6－4－10

第二个八拍 （图 6－4－11）

①—②：同第一个八拍动作⑤—⑥。

③—④：同第一个八拍动作⑦—⑧。

⑤—⑥：双腿呈开立，上体向右转，左臂屈臂于胸前，右臂背后于腰部。

⑦—⑧：还原直立姿势。

第三个八拍

同第一个八拍，方向相反。

第四个八拍

同第二个八拍，方向相反。

①—②　③—④　⑤—⑥　⑦—⑧

图 6－4－11

第六节　腹背运动(8 拍×4)

预备姿势 直立。

第一个八拍 （图 6-4-12）

①—②：左脚向左侧前 45°迈出一步，脚尖点地，同时双臂上举。

③—④：重心移至左腿，同时左臂下举，右臂上举，眼看左手。

⑤—⑥：重心移至右腿，左脚脚尖点地，左臂上举，右臂下举，眼看左手。

⑦—⑧：还原成直立。

第二个八拍

同第一个八拍，方向相反。

图 6-4-12

第三个八拍 （图 6-4-13）

①—②：左腿向左侧出一步，上体前屈，同时双臂打开呈侧平举，眼看地面。

③—④：收左腿，半蹲，双手背后，低头含胸。

⑤—⑥：抬头。

⑦—⑧：还原成直立。

第四个八拍

同第三个八拍，方向相反。

图 6-4-13

第七节　跳跃运动(8 拍×4)

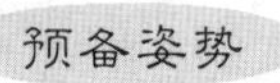

预备姿势 直立。

第一个八拍 （图 6-4-14）

①—④：左脚开始向前跑4步，同时双臂屈臂于胸前。

⑤—⑧：左脚向左侧出一步开立，同时左臂侧平举，右臂上举抖环。

预备 ①—④ ⑤—⑧

图6-4-14

第二个八拍 （图6-4-15）

①—②：跑跳步，双臂屈臂于胸前，眼看前方。

③—④：跑跳步，双臂上举，眼看前方。

⑤：出右脚，脚跟着地，双手侧平举。

⑥：出左脚，脚跟着地，双手侧平举。

⑦：出右脚，脚跟着地，双手落下，在体侧自然下垂。

⑧：还原成直立。

第三个八拍

同第一个八拍，方向相反。

第四个八拍

同第二个八拍，方向不变。

①—② ③—④ ⑤ ⑥ ⑦ ⑧

图6-4-15

第八节 整理运动(8拍×4)

预备姿势 直立。

第一个八拍 （图6-4-16）

①—④：左腿向左侧前弓步，左臂斜上举，右臂侧下举，眼看左手。

⑤—⑥：收回左臂，两臂于体侧自然下垂，眼看前方。

⑦—⑧：还原成直立。

第二个八拍

同第一个八拍，方向相反。

图 6-4-16

第三个八拍 （图 6-4-17）

①—④：直立，双臂经侧缓缓上举至头顶，掌心向前。

⑤—⑧：双臂经侧还原成直立。

第四个八拍 （图 6-4-18）

①—④：胸前交叉花环。

⑤—⑧：还原成直立。

图 6-4-17　　图 6-4-18

§ 6.5　沙　锤　操

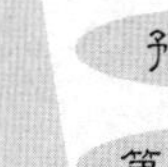

预备姿势 （图 6-5-1）直立。

第一个八拍 （图 6-5-2）

①—③：直立。

④：两手持沙锤于腰间，眼睛正视前方。

⑤—⑧：直立，两手臂经侧呈上举，掌心向前。

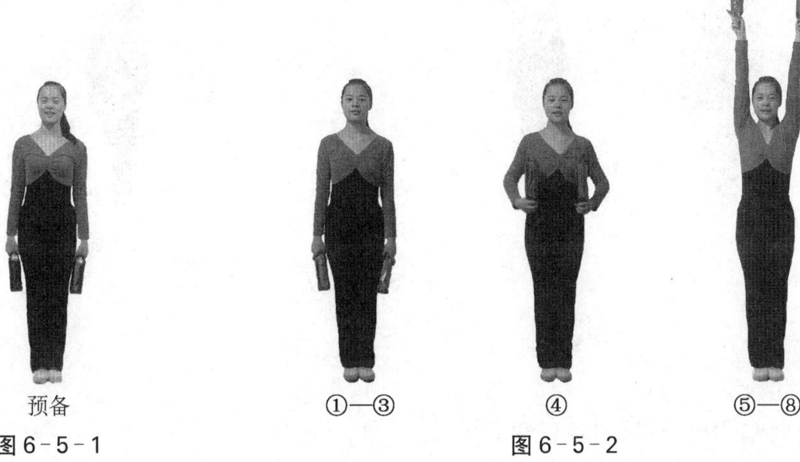

预备　①—③　④　⑤—⑧

图6-5-1　图6-5-2

第二个八拍 (图6-5-3)

①—⑧：原地跑跳步，两臂经侧上举，同时前后晃动沙锤。

第三个八拍

同第二个八拍。

①—⑧　①—⑧

图6-5-3　图6-5-4

第四个八拍 (图6-5-4)

①—⑧：踏步，双手持沙锤，两臂前后自然摆动。

第五个八拍

同第四个八拍。

第一节 (8拍×4)

预备姿势 直立。

第一个八拍 (图6-5-5)

①—④：原地踏步，同时左臂侧平举，右臂平屈于胸前，眼看左手。

⑤—⑧：同①—④，方向相反。

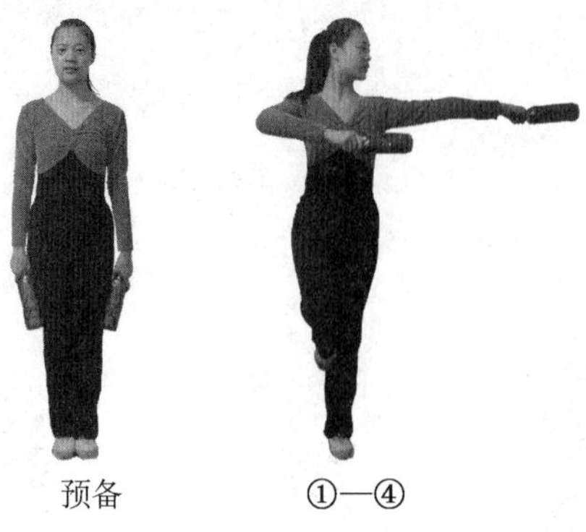

预备　①—④　⑤—⑧

图6-5-5

第二个八拍（图6-5-6）

①—②：左脚向左侧出一步，同时双臂侧平举。

③—④：双臂经侧上举，头顶交叉打击沙锤一次。

⑤—⑥：同①—②。

⑦—⑧：还原成直立。

第三个八拍

同第一个八拍。

第四个八拍

同第二个八拍。

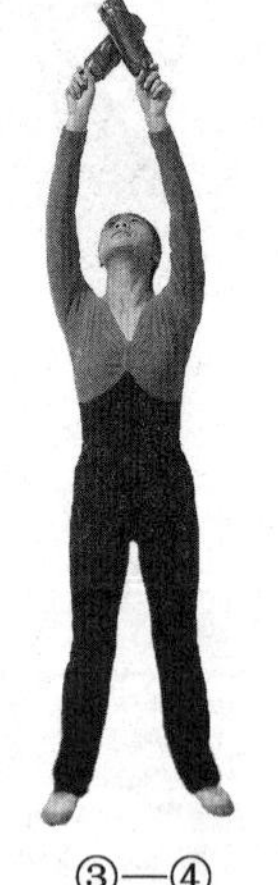

①—②　③—④　⑤—⑥　⑦—⑧

图6-5-6

第二节　(8 拍×4)

预备姿势　直立。

第一个八拍（图6-5-7）

①：直立，同时两臂前举于体前交叉，与肩同高。

②：双腿微屈，上体左侧屈，右臂屈臂，左臂侧下举。

③—④：同①—②，方向相反。

⑤—⑥：左脚向左侧出一步，脚跟着地，同时上体向左屈，两手于体前敲打沙锤一次。

⑦—⑧：还原成直立。

第二个八拍

同第一个八拍，方向相反。

第三个八拍

同第一个八拍。

第四个八拍

同第二个八拍。

图6-5-7

第三节 (8拍×4)

预备姿势 直立。

第一个八拍 (图6-5-8)

①—②：双腿屈伸一次，左臂侧平举，右臂屈臂于胸前与左臂平行，眼睛正视前方。

③—④：同①—②，方向相反。

⑤—⑥：左脚向斜前迈出一步，同时双臂经侧至头顶，敲打沙锤一次，眼看沙锤。

⑦—⑧：还原成直立。

第二个八拍

同第一个八拍，方向相反。

图6-5-8

第三个八拍

同第一个八拍。

第四个八拍

同第二个八拍。

第四节 (8拍×4)

预备姿势 直立。

第一个八拍 (图6-5-9)

①—②：左腿后撤一步，脚尖点地，同时双臂经前上举。

③—④：左腿前踢，压脚尖，同时双臂经前还原至身体两侧。

⑤—⑥：同①—②。

⑦：左腿侧踢成90°，两臂侧平举。

⑧：还原成直立。

第二个八拍

同第一个八拍，方向相反。

第三个八拍

同第一个八拍。

第四个八拍

同第二个八拍。

图6-5-9

第五节 (8拍×4)

预备姿势 直立。

第一个八拍 (图6-5-10)

①—②：左脚向左侧出一步，双臂经侧呈侧平举。

③—④：上体向左转90°，左手敲打右手沙锤一次。

⑤—⑥：同①—②。

⑦—⑧：还原成直立。

图6-5-10

第二个八拍 (图6-5-11)

①—②：直立，双臂屈臂收于腰的两侧。

③—④：左脚向左侧出一步，上体向后转体180°，同时右臂侧平举，左臂上举，眼看前方。

⑤—⑥：同①—②。

⑦—⑧：还原成直立。

第三个八拍

同第一个八拍，方向相反。

第四个八拍

同第二个八拍，方向相反。

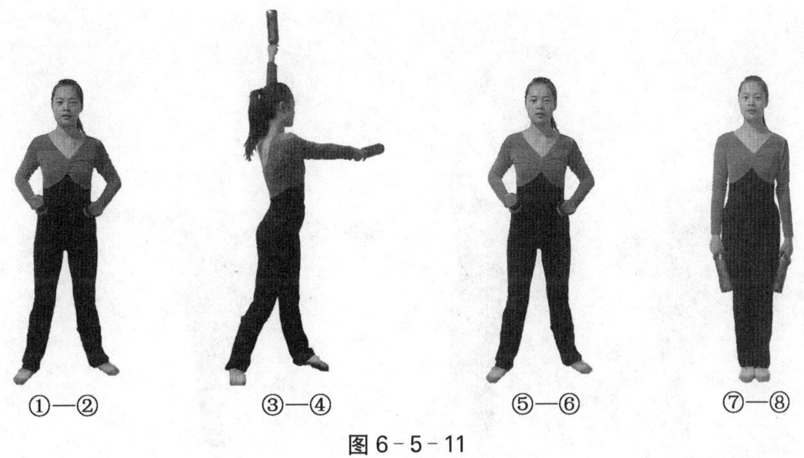

图6-5-11

第六节 (8拍×4)

预备姿势 直立。

第一个八拍 (图6-5-12)

①：左脚向左侧出一步，同时双臂侧平举。

②：还原成直立。

③：同①。

④：同②。

⑤—⑥：左脚向斜前方跨出一步，脚跟点地，同时双臂经侧上举，在头顶敲打沙锤一次，眼睛正视前方。

6. ⑦—⑧：还原成直立。

图 6-5-12

第二个八拍 （图 6-5-13）

①—④：向前跑跳步 4 次，两手持沙锤手臂前后自然摆动。

⑤—⑥：原地跑跳步两次，同时双臂经侧至头顶敲打沙锤两次，眼看沙锤。

⑦：跑跳步，同时双臂经侧至侧平举。

⑧：还原成直立。

第三个八拍

同第一个八拍，方向相反。

第四个八拍

同第二个八拍。

图 6-5-13

第七节 （8 拍×4）

预备姿势 直立。

第一个八拍 （图 6-5-14）

①—②：左脚向左侧出一步，双臂侧平举。

③—④：还原成直立。

⑤—⑥：双腿屈伸弹动一次，同时双臂向上屈臂呈 90°。

⑦：直立，双臂经侧在头顶打击沙锤一次。

⑧：还原成直立。

第二个八拍

同第一个八拍。

第三、四个八拍

同第一个八拍。

图 6-5-14

第八节　(8 拍×4)

预备姿势　直立。

第一个八拍　(图 6-5-15)

①—②：直立，两臂侧平举。

③—④：直立，两臂经侧上举敲打沙锤一次，眼看沙锤。

⑤—⑧：直立，两臂经侧还原成直立姿势。

图 6-5-15

第二个八拍　(图 6-5-16)

①—②：双腿屈伸弹动一次，同时双臂前平举。

③—④：双腿屈伸弹动一次，同时双臂侧平举。

⑤—⑥：同①—②。

⑦—⑧：同③—④。

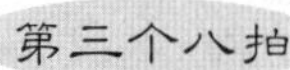
第三个八拍

同第一个八拍。

第四个八拍

同第二个八拍。

①—② ③—④ ⑤—⑥ ⑦—⑧

图 6-5-16

第九节 (8 拍×2)

预备姿势 直立。

第一个八拍 (图 6-5-17)

①—②：双腿屈伸弹动一次，同时双臂前平举。

③—④：双腿屈伸弹动一次，同时双臂侧平举。

⑤—⑥：同①—②。

⑦—⑧：同③—④。

预备 ①—② ③—④ ⑤—⑥ ⑦—⑧

图 6-5-17

第二个八拍 (图 6-5-18)

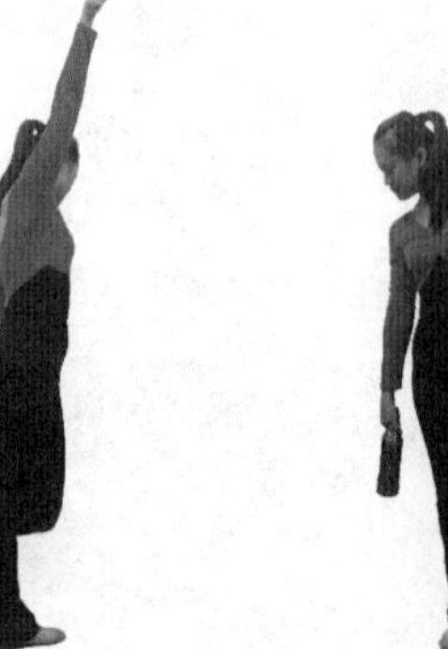

①—④ ⑤—⑦ ⑧

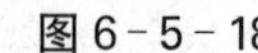
图 6-5-18

①—④：身体以左脚为中心向左跳转360°，左右脚交替两次，左肩自然下垂，右臂上举。

⑤—⑦：同①—④，但右臂自然下垂，左臂上举。

⑧：双腿同时跳起呈开立，同时双臂侧上举。

§6.6　鼓　槌　操

歌曲：《敲咚咚》

预备节　(8拍×1)

预备姿势　(图6-6-1)直立，两手握鼓槌侧下举。

图6-6-1

预备节八拍　(图6-6-2)

①—②：右腿弯曲，同时向左顶胯，双臂侧下举，头向右倾，眼睛正视前方。

③—④：同①—②，方向相反。

⑤—⑥：同③—④。

⑦—⑧：同①—②。

①—②　③—④　⑤—⑥　⑦—⑧

图6-6-2

第一节　(8拍×4)

预备姿势　(图6-6-3)接上节结束动作。

第一个八拍　(图6-6-4)

①—④：双腿向左侧跳一步，双腿微屈，同时双臂在体前左侧敲打鼓槌两次，头向左倾，眼睛正视前方。

预备

图6-6-3

①—④　⑤—⑧

图6-6-4

⑤—⑧：同①—④，方向相反。

第二个八拍 （图 6-6-5）

①—④：左脚向左侧出一步，脚跟点地，右手背后，左臂屈臂于体侧，头微向左倾，眼睛正视前方。

⑤—⑧：同①—④，方向相反。

第三个八拍

同第一个八拍，方向相反。

第四个八拍

同第二个八拍，方向相反。

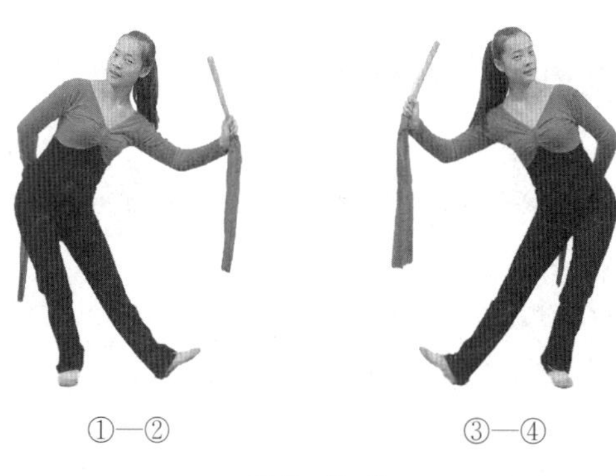

①—②　③—④

图 6-6-5

第二节　(8 拍×4)

预备姿势　接上节结束动作。

第一个八拍 （图 6-6-6）

①—⑧：原地跑跳步，同时双臂屈臂于胸前，敲击鼓槌。

预备　①—⑧　①—④　⑤—⑧

图 6-6-6　图 6-6-7

第二个八拍 （图 6-6-7）

①—④：左脚向左侧出一步，脚跟点地，同时向右顶胯，双臂于两侧屈臂，头向左倾。

⑤—⑧：同①—④，方向相反。

第三个八拍

同第一个八拍。

第四个八拍

同第二个八拍。

第三节 (8拍×4)

预备姿势 直立。

第一个八拍 (图6-6-8)

①：左脚向左侧出一步，上体左转90°，右脚尖点地，同时两臂前平举，敲打鼓槌一次。

②：上体向右转体90°，同时右臂向斜上举，左臂侧平举，眼睛正视前方。

③—④：右臂经侧至体侧下垂。

⑤—⑦：同①—④，方向相反。

⑧：还原成直立。

图6-6-8

第二个八拍 (图6-6-9)

①—②：右腿屈膝，同时左臂屈臂于胸前敲击右肩，右臂自然下垂。

图6-6-9

③—④：同①—②，但右臂屈臂于胸前敲击左肩。

⑤—⑥：直立，两手胸前敲击鼓槌一次。

⑦：直立，双臂斜上举。

⑧：还原成直立。

第三个八拍

同第一个八拍，方向相反。

第四个八拍

同第二个八拍。

第四节　(8 拍×4)

预备姿势　直立。

第一个八拍　(图 6-6-10)

①—④：原地踏步 4 次，两臂前后自然摆动，眼睛正视前方。

⑤—⑥：左脚向左前侧出一步，右脚脚尖点地，重心在左腿，同时双臂斜上举敲击鼓槌两次，眼看鼓槌。

⑦—⑧：还原成直立。

第二个八拍

同第一个八拍。

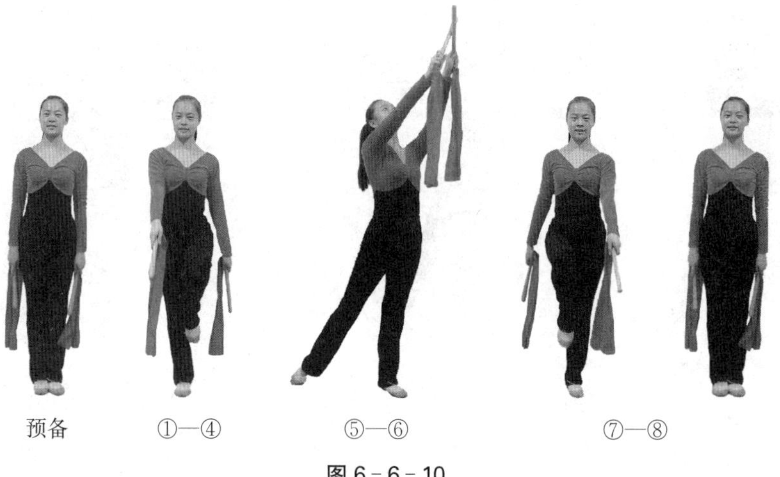

图 6-6-10

第三个八拍　(图 6-6-11)

①—④：原地踏步 4 次，两臂前后自然摆动。

图 6-6-11

⑤—⑦：两腿微屈，两臂体前屈于左侧肩前，敲打鼓槌3次，头向左倾。

⑧：还原成直立。

第四个八拍

同第三个八拍，方向相反。

第五节 (8拍×4)

预备姿势 直立。

第一个八拍 (图6-6-12)

①—③：左脚向左侧出一步，脚跟点地，同时双臂体前左侧敲打鼓槌3次。

④：还原成直立。

⑤—⑦：同①—③，方向相反。

⑧：还原成直立。

预备　①—③　④　⑤—⑦　⑧

图6-6-12

第二个八拍 (图6-6-13)

①—④：左脚向左侧出一步，右脚脚尖点地，同时左臂斜上举，右臂侧平举，眼看左手。

⑤—⑦：右臂上举，敲打左手鼓槌3次，眼看鼓槌。

⑧：还原成直立。

第三个八拍

同第一个八拍。

第四个八拍

同第二个八拍，方向相反。

①—④　⑤—⑦　⑧

图6-6-13

第六节 （8 拍×4）

预备姿势 直立。

第一个八拍 （图 6－6－14）

图 6－6－14

①—②：直立，左手斜上举，眼睛正视前方。
③—④：直立，右手斜上举，眼睛正视前方。
⑤—⑥：直立，左手斜下举，眼睛正视前方。
⑦—⑧：直立，右手斜下举，眼睛正视前方。

第二个八拍 （图 6－6－15）

①—⑧：原地跑跳步，同时胸前敲打鼓槌 4 次。

图 6－6－15

第三个八拍

同第一个八拍。

第四个八拍

同第二个八拍，最后一拍还原成预备姿势。

第七节 （8 拍×4）

预备姿势 直立。

第一个八拍 （图 6－6－16）

①—④：双脚向左跳一步屈腿，两臂屈臂于体前左侧敲打鼓槌 4 次。
⑤—⑧：同①—④，方向相反。

图 6－6－16　　图 6－6－17

第二个八拍 (图 6 - 6 - 17)

①—④：向右跳转 45°，双腿微屈，同时双臂在身后敲打鼓槌 4 次，眼看鼓槌。

⑤—⑧：同①—④，方向相反。

第三个八拍

同第一个八拍。

第四个八拍

同第二个八拍，最后一拍还原成预备姿势。

第八节 (8 拍×4)

预备姿势 直立。

第一个八拍 (图 6 - 6 - 18)

①—④：向前跑跳步 4 次，同时两臂前后自然摆动。

⑤—⑧：向后跑跳步 4 次，同时两臂胸前屈臂敲打鼓槌 4 次。

图 6 - 6 - 18

第二个八拍 (图 6 - 6 - 19)

1. ①—④：身体稍向左转 45°，双腿微蹲，同时屈臂于胸前敲打鼓槌 4 次，眼睛正视前方。
2. ⑤—⑧：同①—④，方向相反。

第三个八拍

同第一个八拍，最后一拍还原成预备姿势。

第四个八拍

同第二个八拍，最后一拍还原成预备姿势。

图 6 - 6 - 19

§6.7 扇 子 操

第一节 双手开扇(8 拍×2)

预备姿势 直立,右手持扇子于体侧自然下垂。

第一个八拍 (图 6-7-1)

①:直立,双手胸前开扇,扇面朝前,眼睛正视前方。

②:直立,双手胸前合扇。

③:直立,两臂上举,双手头顶开扇,扇面朝前,眼看扇子。

④:直立,双手头顶合扇。

⑤—⑥:双手头顶开扇,扇面朝前,眼看扇子。

⑦—⑧:双手落至胸前开扇。

图 6-7-1

第二个八拍 (图 6-7-2)

①:直立,上体左转 90°,双手左侧开扇,扇面朝上,眼看扇子。

②:双手左侧合扇,眼看扇子。

③:直立,上体右转 90°,双手胸前开扇,扇面朝前。

④:双手胸前合扇。

⑤—⑥:同①—②,方向相反。

图 6-7-2

⑦—⑧：同③。

第二节 合扇单臂绕环(8拍×2)

预备姿势 接上节结束动作。

第一个八拍 (图6-7-3)

①—②：左腿后屈，右脚提踵，右手持扇(合扇)向后侧45°，左手背后，眼看扇子。

③—④：左腿成前弓步，右腿伸直，右手自下至上绕环一周至体前斜前下45°开扇，同时左手至右臂内肘处，眼看扇子。

⑤—⑥：直立，双手打开成侧平举，右手持扇(合扇)。

⑦—⑧：还原成直立，右手持扇自然垂下。

图6-7-3

第二个八拍 (图6-7-4)

①—②：直立，右手持扇(合扇)，双手握拳至腰间(拳心向上)，头向右转。

③—④：左腿提膝90°，右臂上举，立扇，左手自然垂下，眼睛正视前方。

⑤—⑥：左脚落于右脚前，脚尖点地。同时右手经前落至体前斜下45°。

⑦—⑧：还原成直立。

图6-7-4

第三节 开扇(侧平举)(8拍×2)

预备姿势 接上节结束动作。

第一个八拍 (图6-7-5)

①—②：直立，两手侧平举，右手持扇（合扇），眼睛正视前方。

③—④：直立，双手收至胸前抱扇（合扇）。

⑤—⑥：直立，双手胸前开扇，扇面朝前。

⑦—⑧：同③—④。

①—②

③—④ ⑦—⑧

⑤—⑥

图6-7-5

第二个八拍 （图6-7-6）

①—②：提踵，左脚向左侧出一步，两臂侧平举，右手持扇（合扇）。

③—④：左脚向右斜后迈一步，下蹲，右臂侧平举，右手开扇，扇面朝前，扇骨贴紧小臂成侧平举，左手背后，眼看扇子。

⑤—⑥：左脚向左迈出一步，呈开立，右臂上举（开扇），左手背后，眼看前方。

⑦—⑧：还原成直立。

①—②

③—④

⑤—⑥

⑦—⑧

图6-7-6

第四节　摇扇(8拍×2)

预备姿势 接上节结束动作。

第一个八拍 （图6-7-7）

①　②：两脚提踵，同时两臂侧平举，开扇，扇骨朝下。

③—④：落踵，右手在头顶转扇360°落至胸前，左手背于腰后，眼随扇动。

⑤—⑧：同①—④。

第二个八拍 （图6-7-8）

①—④：直立，双手胸前点扇4次，眼睛正视前方。

⑤—⑥：双手打开成侧平举，右手开扇，扇骨朝下。

⑦—⑧：还原成直立。

①—② ③—④

图6-7-7

①—④ ⑤—⑥ ⑦—⑧

图6-7-8

第五节 举扇(8拍×2)

预备姿势 接上节结束动作。

第一个八拍 (图6-7-9)

①—③：左脚向左侧迈出一步。左臂上举，右臂下举，同时双手划圆。

④：直立，右臂绕至体前斜下举45°(合扇)，左手掌心置于右臂内肘。

⑤—⑧：左脚向右后迈一步，下蹲，右手上举开扇，扇骨贴紧小臂，左手背后，眼看扇子。

①—③ ④ ⑤—⑧

图6-7-9

第二个八拍 (图6-7-10)

①—④：身体向左侧转45°，出左脚，脚尖点地，右手斜下举45°，左手背后，眼看扇子。

⑤—⑥：左脚向左迈一步呈开立，重心在左腿，右脚尖点地，双手头顶做小舞花一次。右臂斜下举45°，左臂屈肘，左手掌心触右臂肘内侧，眼看扇子。

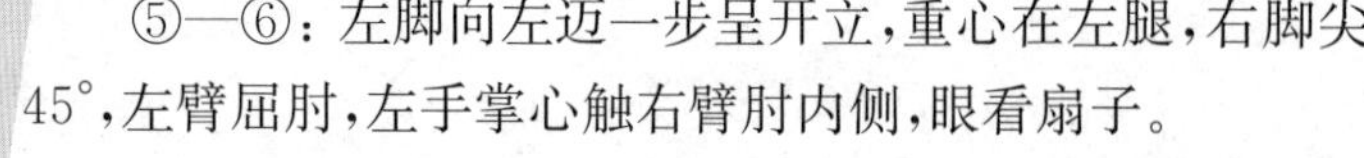

⑦—⑧：右臂斜前上举45°，左手掌心放于右臂内肘，眼看扇子。

①—④ ⑤—⑥ ⑦—⑧

图6-7-10

第六节　跳跃开合扇(8拍×2)

预备姿势 接上节结束动作。

第一个八拍 (图6-7-11)

①：双脚同时跳起，右脚落，直腿，左脚后屈，双手胸前开扇，扇面朝前，眼看前方。

②：双脚同时跳起，左脚落，右脚后踢，屈臂双手胸前合扇。

③—④：同①—②。

⑤：直立，上体左转90°，体前开合扇一次，扇面朝上，眼看扇子。

⑥：右侧开合扇一次，扇面朝上，眼看扇子。

⑦：两臂上举，头顶开合扇一次，扇面朝前，眼看扇子。

⑧：还原成直立。

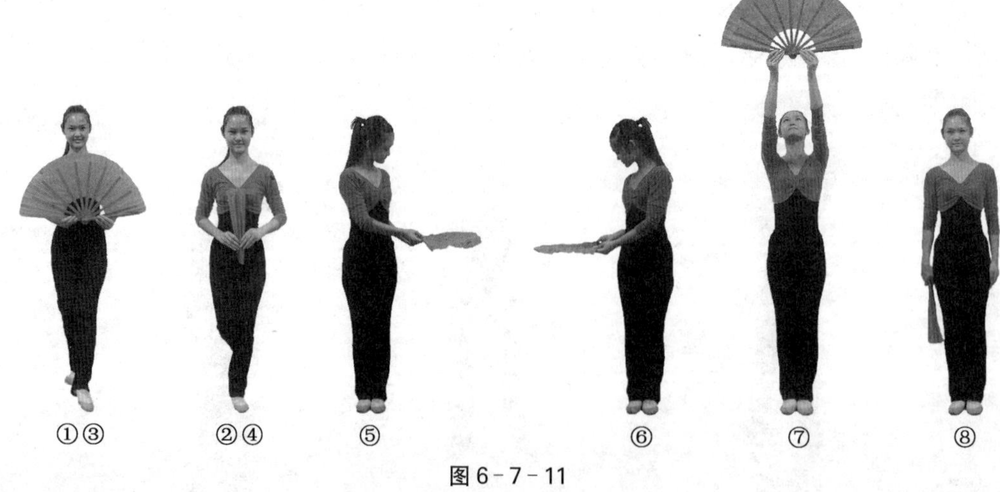

①③ ②④ ⑤ ⑥ ⑦ ⑧

图6-7-11

第二个八拍 (图6-7-12)

①—④：双脚跑跳步4步，屈臂体前开合扇两次。

⑤—⑧：同第一个八拍⑤—⑧。

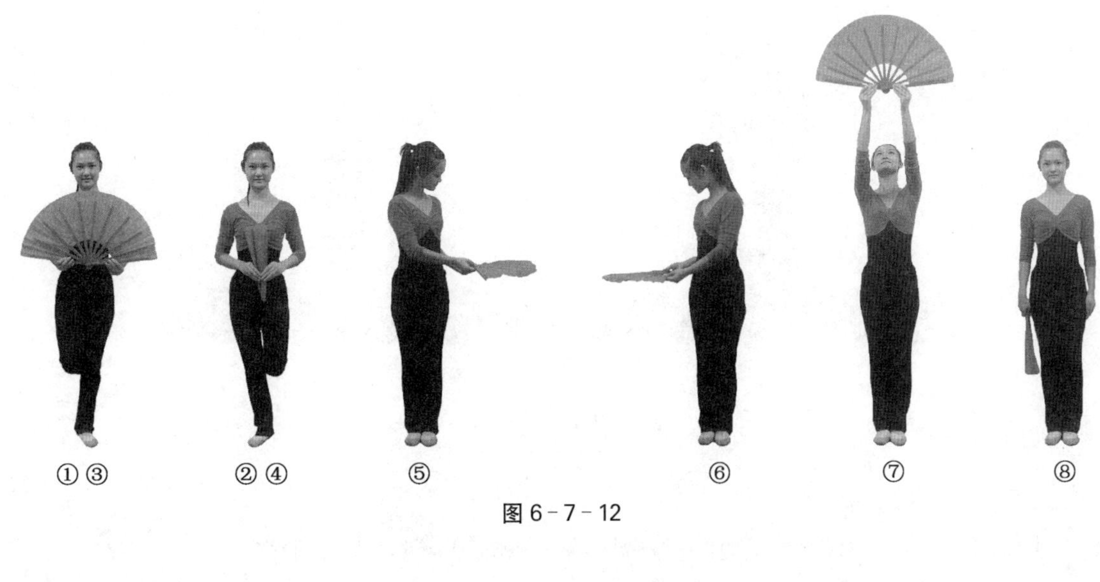

图 6-7-12

第七节　收扇(8拍×2)

预备姿势　接上节结束动作。

第一个八拍　(图6-7-13)

①—⑧：踏步，双手蝴蝶飞，右手持扇，扇骨贴小臂。

图 6-7-13　　图 6-7-14

第二个八拍　(图6-7-14)

①—④：右脚向右一步，左脚尖点地，右手开扇举至右上45°，扇面朝上，左手自然下垂。

⑤—⑧：合扇，还原成直立。

§6.8　篮 球 操

预备节　(8拍×4)

预备姿势　直立，双手持球屈臂于胸前。

第一个八拍　(图6-8-1)

①—⑧：原地踏步，双手持球屈臂于胸前。

预备　　①—⑧

图 6-8-1

第二个八拍（图 6-8-2）

①—②：左脚向前一步，脚跟点地，右膝微屈，双手胸前推球至手臂前平举。

③—④：还原成预备姿势。

⑤—⑥：同①—②，方向相反。

⑦—⑧：同③—④。

第三个八拍

同第一个八拍。

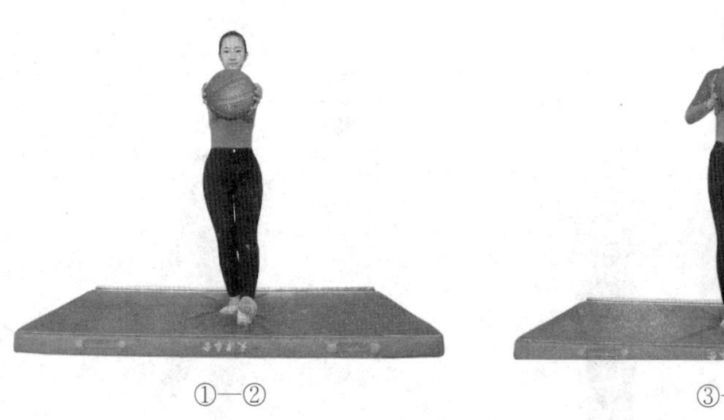

①—②　　③—④

图 6-8-2

第四个八拍（图 6-8-3）

①—②：身体向左转体 90°，左脚向前一步，脚跟点地，右膝微屈，双手胸前推球至手臂前平举。

③—④：还原成预备姿势。

⑤—⑥：同①—②，方向相反。

⑦—⑧：同③—④。

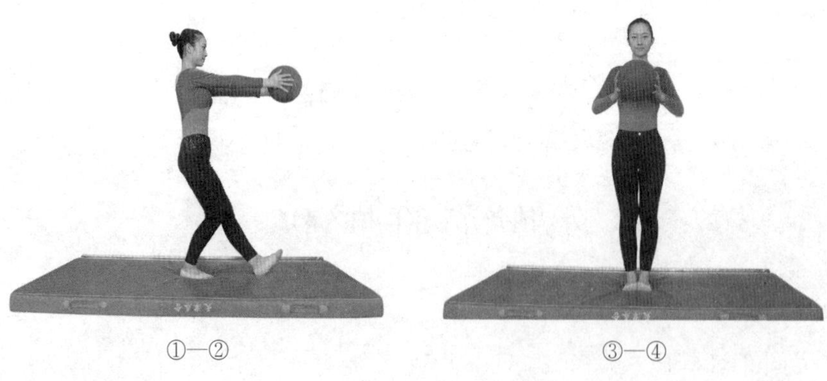

①—②　　③—④

图 6-8-3

第一节　热身运动(8拍×4)

预备姿势　直立,双手持球屈臂于胸前。

第一个八拍　(图6-8-4)

①—②:左脚向左侧出一步呈开立,双手持球至手臂上举。

③—④:手臂向后屈臂将球置于脑后。

⑤—⑥:同①—②。

⑦—⑧:收左脚直立,手臂于胸前屈臂,双手持球。

第二个八拍

同第一个八拍,方向相反。

图6-8-4

过渡四拍　(图6-8-5)

①—④:直立,双手转动篮球经胸前由下向上至手臂上举。

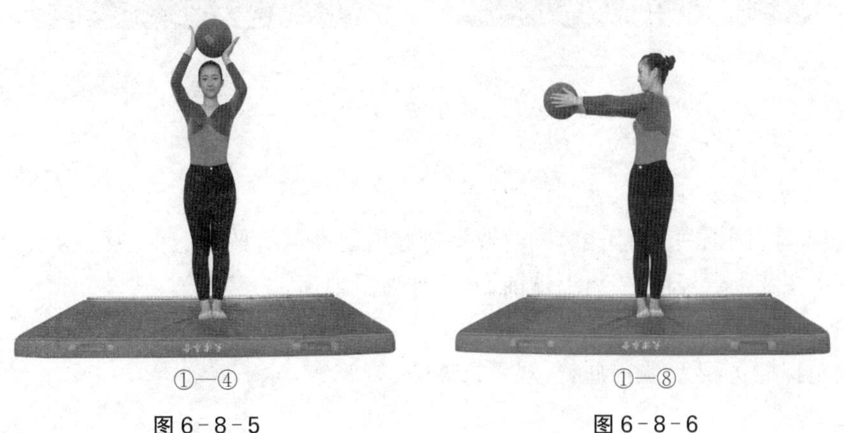

图6-8-5　　图6-8-6

第三个八拍　(图6-8-6)

①—⑧:直立,双手持球,手臂经体侧从左至右顺时针绕环一圈,眼睛跟随球转动。

第四个八拍

同第三个八拍,方向相反。

第二节　上肢运动(8拍×4)

预备姿势　直立,双手持球屈臂于胸前。

第一个八拍 （图 6－8－7）

①—②：两腿开立半蹲，双手持球，将球置于右腰旁，上体正直。

③—④：向左转体 90°，右脚尖侧点地，同时双手持球胸前推至前平举。

⑤—⑥：向右转体 90°，双手持球，经体前至手臂上举。

⑦—⑧：还原成预备姿势。

第二个八拍

同第一个八拍，方向相反。

预备　①—②　③—④　⑤—⑥

图 6－8－7

第三个八拍 （图 6－8－8）

①—②：左脚向左侧出一步呈开立，同时双手持球胸前推至前平举。

③—④：双手持球手臂经前平举，上体前屈，将球碰触地面。

⑤—⑥：同①—②。

⑦—⑧：收左脚直立，手臂胸前屈臂，双手持球。

①—②　③—④　⑦—⑧

图 6－8－8

第四个八拍

同第三个八拍,方向相反。

第三节　腰部运动(8 拍×4)

预备姿势　直立,双手持球屈臂于胸前。

第一个八拍　(图 6-8-9)

①—②:左脚迈出一步呈开立,上体向右转体 45°,双手持球手臂侧下举。

③—④:经半蹲至右脚尖后点地,手臂经右侧下举摆动至胸前屈臂。

⑤—⑥:同①—②,方向相反。

⑦—⑧:同③—④,方向相反。

①—②　③—④

图 6-8-9

第二个八拍

同第一个八拍。

第三个八拍　(图 6-8-10)

①:收左脚同时屈膝半蹲,手臂胸前屈臂,双手持球。

②:直立,手臂胸前屈臂,双手持球。

③:同①。

④:同②。

⑤:左脚前吸腿。

⑥:落左脚还原成直立。

⑦—⑧:同⑤—⑥,方向相反。

第四个八拍

同第三个八拍。

①

②

⑤—⑥

图 6-8-10

第四节　髋部运动(8 拍×4)

预备姿势　直立，双手持球屈臂于胸前。

第一个八拍　(图 6-8-11)

①：直立，双手持球屈臂于胸前左右摆动，同时向左摆胯。

②：直立，双手持球屈臂于胸前左右摆动，同时向右摆胯。

③：同①。

④：同②。

⑤—⑥：直立，双手持球胸前向上抛球并接住。

⑦—⑧：同⑤—⑥。

①　②　⑤—⑥，⑦—⑧

图 6-8-11

第二个八拍　(图 6-8-12)

①：双腿屈膝半蹲，双手持球屈臂于胸前。

②：还原成预备姿势。

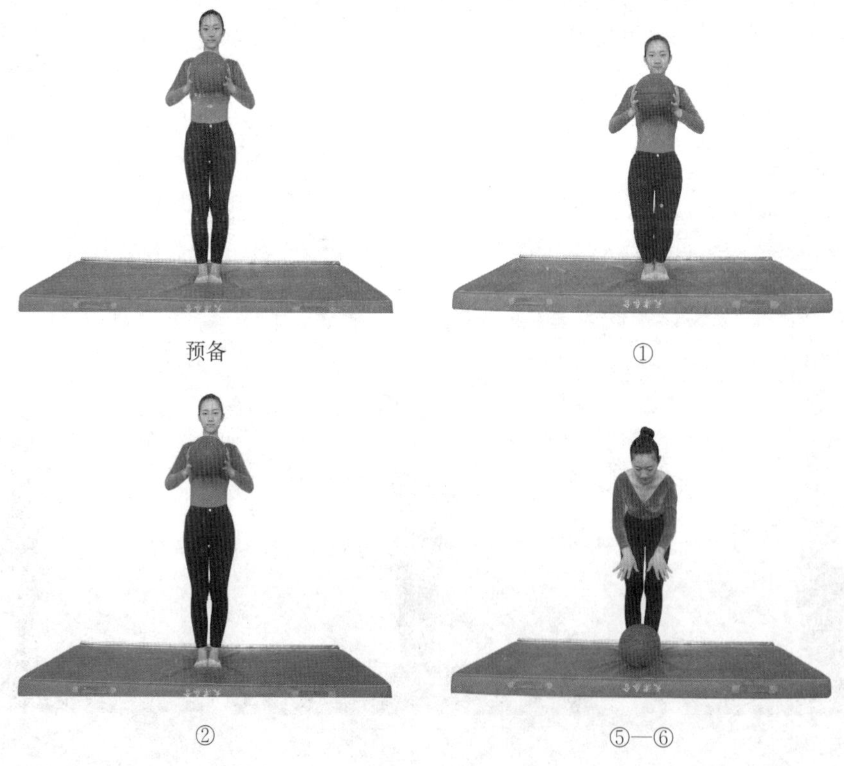

预备　①　②　⑤—⑥

图 6-8-12

③：同①。

④：同②。

⑤—⑥：双腿屈膝半蹲，弯腰向下，双手运球一下。

⑦—⑧：还原成预备姿势。

第三个八拍

同第二个八拍。

第四个八拍

双手胸前持球，双脚踏步成开立。

第五节 拍球运动(8拍×4)

预备姿势 直立，双手持球屈臂于胸前。

第一个八拍 (图6-8-13)

预备 ①—⑧

图6-8-13

①—⑧：双腿屈膝半蹲，上体前屈，双手向下拍球8下。

第二个八拍 (图6-8-14)

①—⑧：左脚向左侧出一步呈开立，上身前屈，左手置于背后，右手单手拍球8下。

①—⑧

图6-8-14

第三个八拍

同第二个八拍，方向相反。

第四个八拍

同第一个八拍。

第六节 全身运动(8拍×4)

预备姿势 接上节结束动作。

第一个八拍 (图6-8-15)

①—⑧：左脚向左侧出一步呈侧弓步，身体向左转体90°，左臂体侧屈臂，右手向下拍球8下。

第二个八拍 (图6-8-16)

①—⑧：身体向右转体90°，两脚呈开立，上身前屈，左手右手依次拍球。

第三个八拍

同第一个八拍，方向相反。

①—⑧
图 6-8-15

①—⑧
图 6-8-16

第四个八拍

同第二个八拍，第八拍恢复直立，手臂胸前屈臂，双手持球。

第七节　整理运动(8 拍×4)

预备姿势　直立，双手持球屈臂于胸前。

第一个八拍　(图 6-8-17)

①—④：原地踏步，手臂于胸前屈臂，双手持球。

⑤—⑧：直立，双手持球，胸前向上抛球两次并接住。

第二个八拍

同第一个八拍。

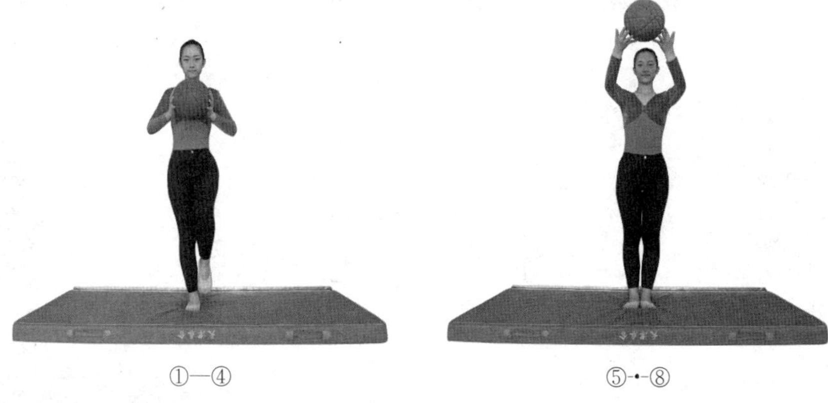
①—④　⑤—⑧
图 6-8-17

第三个八拍　(图 6-8-18)

①—④

⑤—⑧
图 6-8-18

①—④：原地踏步，双手持球胸前推至前平举。

⑤—⑧：原地踏步，双手持球上举。

第四个八拍 （图6-8-19）

①—④：原地踏步，双手持球，球置于右侧腰。

⑤—⑧：原地踏步，右手体侧抱球于右腰间，左手自然前后摆动，第八拍还原直立。

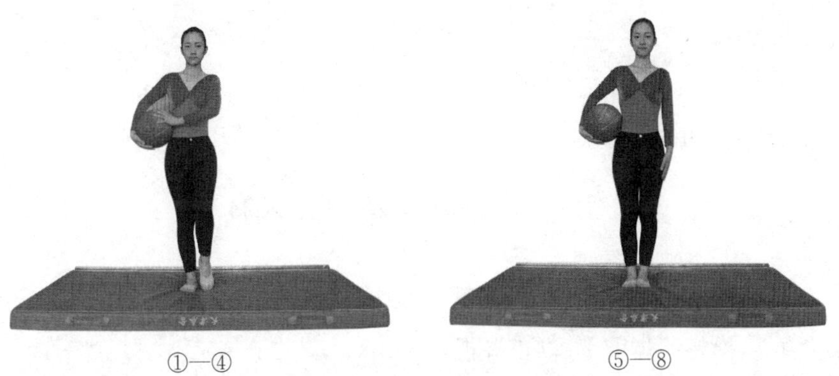

①—④ ⑤—⑧

图6-8-19

§6.9 棍棒操

第一节 伸展运动(8拍×2)

第一个八拍 （图6-9-1）

预备姿势 直立，横棒于体前下垂（正握棍）。

①：横棒两臂向左摆侧举，眼看棒。

预备 ① ② ③ ④ ⑤ ⑥ ⑦ ⑧

图6-9-1

②：横棒经侧至上举，眼看棒。

③：横棒从上摆至右臂侧举，眼看棒。

④：手臂还原成预备姿势。

⑤：左脚侧出一步呈开立，同时两臂屈肘横棒于肩前。

⑥：提踵立，同时伸臂至横棒上举，眼看棒。

⑦：还原成⑤。

⑧：还原成预备姿势。

第二个八拍

同第一个八拍，但方向相反。

第二节　体侧运动(8拍×2)

第一个八拍 （图 6-9-2）

预备姿势 直立，横棒于体前下垂（正握棍）。

①：左脚向侧迈出一步，同时持棒上举。

②：身体向左侧弯曲。

③：同①。

④：还原成预备姿势。

⑤—⑧：同①—④但方向相反。

第二个八拍

同第一个八拍。

预备　①　②　③　④

图 6-9-2

第三节　体转运动(8拍×2)

第一个八拍 （图 6-9-3）

预备姿势 直立，横棒于体前下垂（正握棍）。

①：左脚侧出一步呈开立，同时横棒两臂前举。

②：上体向左后转，同时左臂侧上举，右臂胸前平屈。

③：还原成①。

④：还原成预备姿势。

⑤—⑧：同①—④，但方向相反。

第二个八拍

同第一个八拍。

图6-9-3

第四节 下蹲运动(8拍×2)

第一个八拍 (图6-9-4)

预备姿势 直立,横棒于体前下垂(正握棍)。

①:提踵,横棒臂前举。

②:落踵下蹲,同时两臂经上至肩前屈肘,横棒于肩上。

③:提踵站立,同时两臂伸直上举。

④:还原成预备姿势。

⑤:左脚向侧迈出一步,同时横棒臂前举。

⑥:下蹲成马步,同时左臂向上,右臂向下呈两臂交叉竖棒前举。

⑦:马步不变,横棒臂前举。

⑧:还原成预备姿势。

图6-9-4

第二个八拍

同第一个八拍，但方向相反。

第五节　踢腿运动(8拍×2)

第一个八拍　(图6-9-5)

预备姿势　直立，横棒于体前下垂(正握棍)。

①：左脚向左斜前方迈出一步，重心落在左脚上，同时横棒两臂左斜上举，眼睛看棍。

②：右脚向左斜前踢(绷脚尖)，同时两臂横棒向右斜下摆。

③：还原成①。

④：还原成预备姿势。

⑤—⑧：同①—④，但方向相反。

第二个八拍

同第一个八拍。

图6-9-5

第六节　臂绕环运动(8拍×2)

第一个八拍　(图6-9-6)

预备姿势　直立，横棒于体前下垂(正握棍)。

①—②：横棒两臂向左摆侧举，右臂胸前平屈(眼看左手)。

③—④：横棒两臂经下向右摆至右臂侧举，左臂胸前平屈(眼看右手)。

⑤—⑥：横棒两臂经下向左绕环一周半至左臂侧举，右臂于胸前平屈。

⑦—⑧：还原成预备姿势。

图6-9-6

第二个八拍

同第一个八拍，但方向相反。

注意事项：绕环是两臂伸直，眼看手。

第七节 全身运动(8拍×2)

第一个八拍 (图6-9-7)

预备姿势 直立，横棒于体前下垂(正握棍)。

①：左脚向左前方跨出一步成弓步，同时左手在上右手在下竖握棍，眼看棍上端。

②：两臂向右下摆至左手于右腋下，右臂下举，同时右腿屈膝呈后弓步，上体左前屈。

③：还原成①。

④：还原成预备姿势。

⑤—⑧：同①—④，但方向相反。

第二个八拍

同第一个八拍。

图6-9-7

第八节 跳跃运动(8拍×2)

第一个八拍 (图6-9-8)

预备姿势 直立，横棒于体前下垂(正握棍)。

①—②：摆腿跳，左腿侧摆，同时左臂向上，右臂向下竖棒于体侧。

③—④：摆腿跳，右脚侧摆，同时右臂向上，左臂向下竖棒于体侧。

图6-9-8

⑤：跳成左右开立，同时横棒臂前举。

⑥：跳成并立，同时横棒于胸前，两臂肩侧屈。

⑦：跳成左腿在前的弓步，同时横棒两臂伸至上举。

⑧：跳成还原预备姿势。

第二个八拍

同第一个八拍，但方向相反。

§6.10 哑 铃 操

第一节 伸展运动(8拍×2)

第一个八拍 （图6-10-1）

预备姿势 直立，两手持哑铃于体侧下垂。

①：屈臂在胸前反击铃一次。

②：两臂经下、侧摆至头上正击铃一次。

③：两臂经侧还原成①。

④：还原成预备姿势。

⑤：左脚前出一步（重心在右脚），同时屈臂在胸前反击铃一次。

⑥：重心移至左腿，右脚尖点地，同时两臂经下、侧摆至头上正击铃一次。

⑦：头上再正击铃一次。

⑧：两臂经侧还原成预备姿势。

第二个八拍

同第一个八拍，但方向相反。

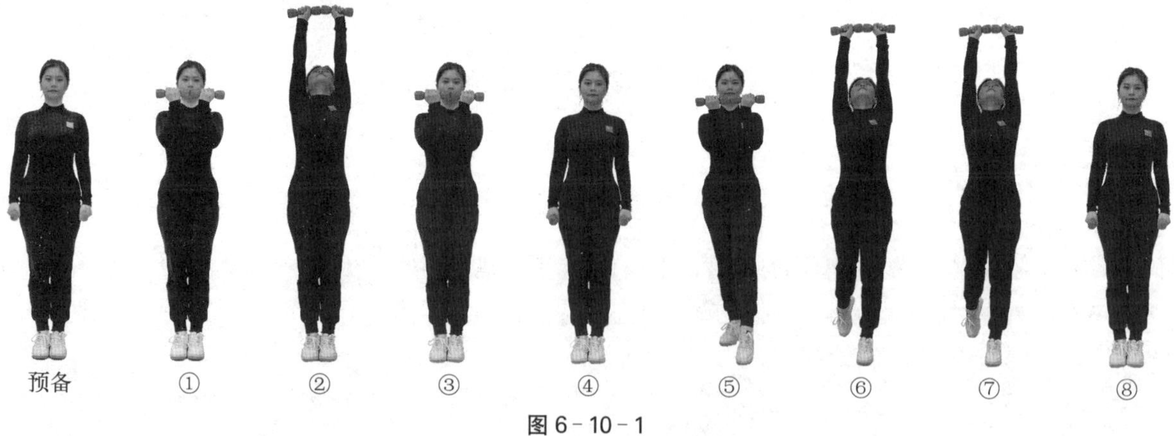

图6-10-1

第二节 下肢运动(8拍×2)

第一个八拍 （图6-10-2）

预备姿势 直立，两手持哑铃于体侧下垂。

①—③：下蹲，两臂屈肘于胸前反击铃三次。

④：还原成预备姿势。

⑤：左脚向前方迈出一步，两臂前平举，摇铃一次。

⑥：吸右腿，双手收于腰间。

⑦：右脚后点地，同时两臂前平举，摇铃一次。

⑧：还原成预备姿势。

第二个八拍

同第一个八拍，但方向相反。

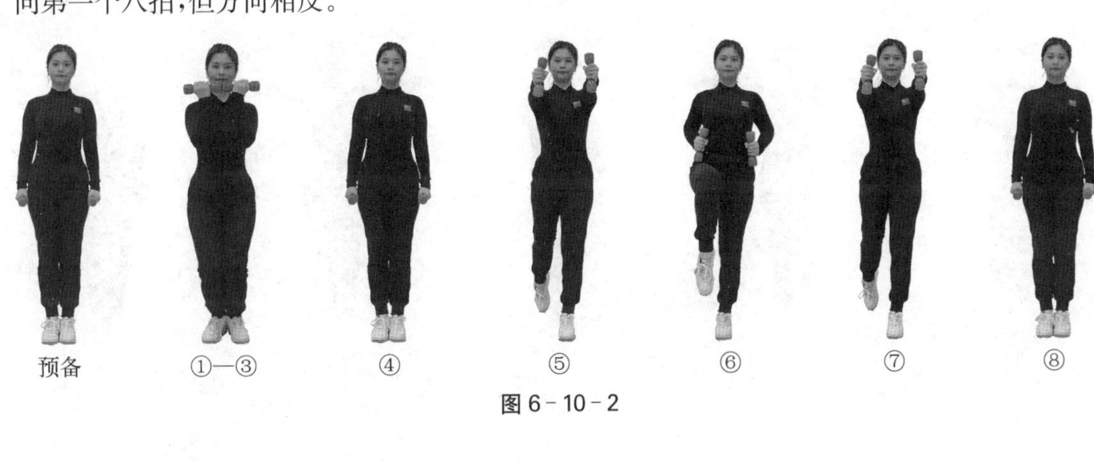

图6-10-2

第三节　扩胸运动(8拍×2)

第一个八拍　(图6-10-3)

预备姿势　直立，两手持哑铃于体侧下垂。

①：左脚前出半步，脚尖点地，同时两臂前举双击铃一次。

②：重心移至左脚，右脚尖后点地，同时两臂向侧后振。

③：重心移至右腿，左脚尖前点地，同时两臂经侧至头上正击铃一次。

④：左脚收回，同时屈臂于胸前反击铃一次。

⑤—⑧：同①—④，但方向相反。

第二个八拍

同第一个八拍，最后一拍还原成预备姿势。

图6-10-3

第四节　踢腿运动(8拍×2)

第一个八拍　(图6-10-4)

预备姿势　直立，两手持哑铃于体侧下垂。

①：左腿前出一步，重心移至左腿，右脚尖后点地，同时两臂侧平举。

②：右脚向前上方踢(绷脚尖)，同时两臂在右腿下正击铃一次。

③：还原成①。

④：还原成预备姿势。

⑤—⑧：同①—④，但方向相反。

第二个八拍

同第一个八拍。

预备　①　②　③　④

图 6-10-4

第五节　体侧屈运动(8 拍×2)

第一个八拍　(图 6-10-5)

预备姿势　直立，两手持哑铃于体侧下垂。

①：左脚侧出一步，脚尖点地，同时两臂侧平举。

②：上体左侧屈，同时两臂于头上正击铃一次。

③：还原成①。

④：同预备姿势。

⑤—⑧：同①—④，但方向相反。

第二个八拍

同第一个八拍。

预备　①　②　③　④

图 6-10-5

第六节　体转运动(8 拍×2)

第一个八拍　(图 6-10-6)

预备姿势　直立，两手持哑铃于体侧下垂。

①：左脚侧出一步呈开立，同时两臂侧平举。

②：上体向左转 90°，同时右臂向左摆与左手铃双击铃一次。
③：还原成①。
④：还原成预备姿势。
⑤—⑧：同①—④，但方向相反。

第二个八拍

同第一个八拍。

图 6-10-6

第七节　腹背运动(8 拍×2)

第一个八拍　(图 6-10-7)

预备姿势　直立，两手持哑铃于体侧下垂。

①：左脚向左侧跨一大步，同时两臂经侧至头上正击铃一次。
②：上体左前屈，同时两臂经侧至左腿后正击铃一次。
③：同②，在右腿后正击铃一次。
④：还原成预备姿势。
⑤—⑧：同①—④，但方向相反。

第二个八拍

同第一个八拍。

图 6-10-7

第八节　跳跃运动(8 拍×2)

第一个八拍　(图 6-10-8)

预备姿势　直立，两手持哑铃于体侧下垂。

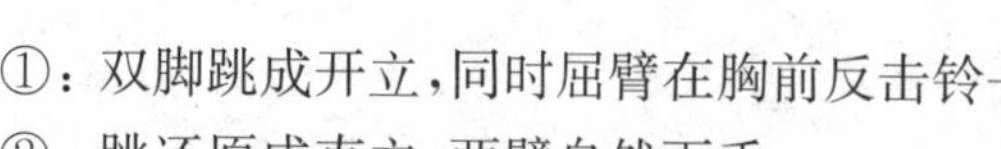

①：双脚跳成开立，同时屈臂在胸前反击铃一次。
②：跳还原成直立，两臂自然下垂。
③：双脚跳成开立，同时两臂上举正击铃一次。
④：跳还原成直立。
⑤—⑥：左脚向左侧跳，右脚在左脚脚弓处点地，同时右臂上举。
⑦—⑧：右脚向右侧跳，左脚在右脚脚弓处点地，同时左臂上举。

第二个八拍

同第一个八拍，但方向相反。

图 6-10-8

§6.11 铃 鼓 操

第一节 上肢运动(8 拍×2)

第一个八拍 (图 6-11-1)

预备姿势 直立，右手持铃鼓于体侧下垂。
①：屈臂胸前击鼓一次。
②：两臂前举，抖腕摇铃鼓一次。
③：同①。
④：两臂上举，抖腕摇铃鼓一次。

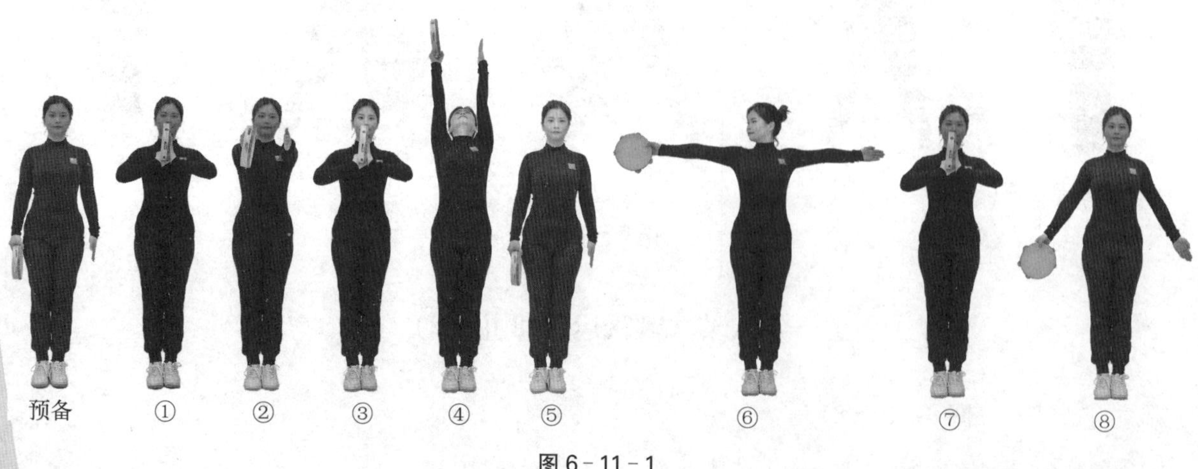

图 6-11-1

⑤：同①。
⑥：两臂侧举，抖腕摇铃鼓一次。
⑦：同①。
⑧：两臂侧下举，抖腕摇铃鼓一次。

第二个八拍

同第一个八拍。

第二节　下蹲运动(8拍×2)

第一个八拍　(图6-11-2)

预备姿势　接上节结束动作。
①：提踵立，同时两臂经侧至上举击鼓一次，眼看上方。
②：全蹲，两臂经侧摆至小腿前击鼓一次。
③：直立，两臂屈肘于胸前击鼓两次。
④：直立，右手持铃鼓于体侧下垂。
⑤：左脚向侧迈出一步呈马步，双手在头顶上方翻转手腕击铃鼓两次。
⑥：还原成预备姿势。
⑦：同⑤，但方向相反。
⑧：还原成预备姿势。

第二个八拍

同第一个八拍。

图6-11-2

第三节　体侧运动(8拍×2)

第一个八拍　(图6-11-3)

预备姿势　直立，右手持铃鼓于体侧下垂。
①：左脚脚尖侧点地，同时两臂侧举，抖腕摇铃鼓一次。
②—③：上体左侧屈，同时两臂上举，头上击铃鼓两次。
④：同①。
⑤—⑥：左脚在右脚后交叉点地，同时上体右侧屈，同时两臂上举，头上击铃鼓两次。
⑦：同①。
⑧：还原成预备姿势。

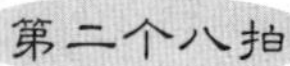

同第一个八拍，但方向相反。

图 6 - 11 - 3

第四节　体转运动(8 拍×2)

(图 6 - 11 - 4)

图 6 - 11 - 4

预备姿势 直立,右手持铃鼓于体侧下垂。

①:左脚侧出一步,同时两臂侧举,抖腕摇铃鼓一次。

②:上体向左转身,双手胸前直臂击铃鼓一次。

③:同①。

④:还原到预备姿势。

⑤:右脚侧出一步,同时两臂侧举,抖腕摇铃鼓一次。

⑥—⑦:上体向右后转,同时双手胸前击铃鼓两次。

⑧:还原到预备姿势。

第二个八拍

同第一个八拍,但方向相反。

第五节 腹背运动(8拍×2)

第一个八拍 (图6-11-5)

预备姿势 直立,右手持铃鼓于体侧下垂。

①:两臂经侧至头上击铃鼓一次,抬头挺胸,上体稍后屈。

②:两臂打开至侧举,抖腕摇铃鼓一次。

③:上体前屈,两臂腿前击铃鼓一次。

④:还原成预备姿势。

⑤:左脚侧出一步,同时身体转向左边,两臂前举,击铃鼓一次。

⑥:上体前屈90°,双手侧平举打开,抬头。

⑦:还原到①。

⑧:还原到预备姿势。

第二个八拍

同第一个八拍,但方向相反。

图6-11-5

第六节 踢腿运动(8拍×2)

第一个八拍 (图6-11-6)

预备姿势 直立,右手持铃鼓于体侧下垂。

①—②:左脚后点地,同时两臂经侧上举头上击铃鼓两次。

③:左腿向前上方踢(绷脚尖),同时两手于左腿下击铃鼓一次。

④:还原到预备姿势。

⑤：左腿侧踢，同时两臂侧举，抖腕摇铃鼓一次。

⑥：左腿落下与右腿并拢，两臂还原成直立。

⑦：右腿后踢，同时两臂经前上举，抖腕摇铃鼓一次。

⑧：还原到预备姿势。

第二个八拍

同第一个八拍，但方向相反。

图 6-11-6

第七节　全身运动(8 拍×2)

第一个八拍　(图 6-11-7)

预备姿势　直立，右手持铃鼓于体侧下垂。

①：左脚向前迈出一步，双手胸前击铃鼓一次。

②：右脚侧点地，同时左手侧上举右手侧下举，抖腕摇铃鼓一次。

③：右脚向前迈出一步，双手胸前击铃鼓一次。

④：同②，但方向相反。

⑤：左脚向后迈出一步，双手胸前击铃鼓一次。

⑥：吸右腿，两臂侧下举，抖腕摇铃鼓一次。

⑦：右脚向后迈出一步，双手胸前击铃鼓一次。

⑧：还原到预备姿势。

第二个八拍

同第一个八拍。

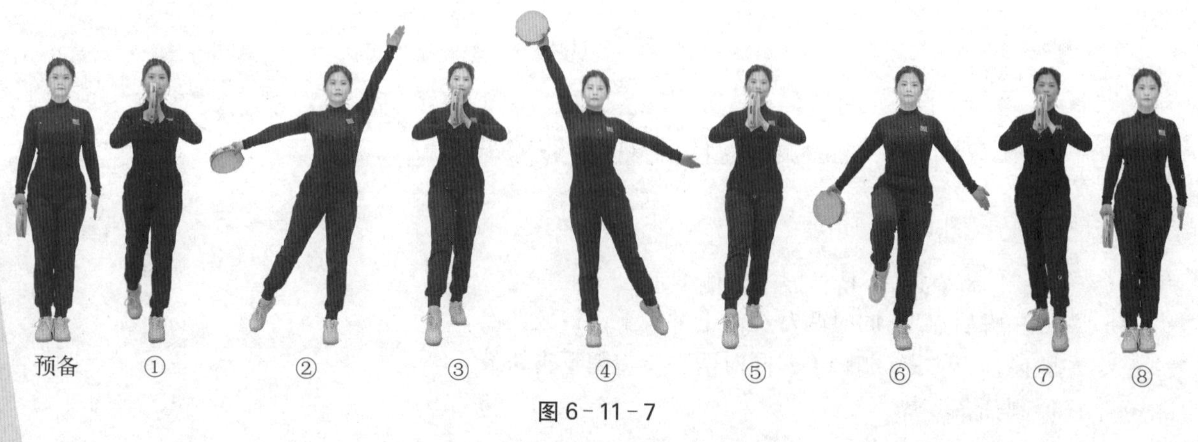

图 6-11-7

第八节 跳跃运动(8拍×2)

第一个八拍 (图6-11-8)

预备姿势 直立,右手持铃鼓于体侧下垂。

①:跳起落地呈左右开立,同时两臂侧平举,抖腕摇铃鼓一次。

②:跳起落地呈并立,同时两手于胸前击铃鼓一次。

③:跳起落地呈左右开立,同时两臂上举,抖腕摇铃鼓一次。

④:跳起还原成预备姿势。

⑤—⑥:后屈腿跑,同时两手于胸前击铃鼓两次。

⑦:左脚脚跟侧点地,同时左手侧举,右手侧上举,抖腕摇铃鼓一次。

⑧:还原成预备姿势。

第二个八拍

同第一个八拍,但方向相反。

图6-11-8

§6.12 藤 圈 操

第一节 上肢运动(8拍×2)

第一个八拍 (图6-12-1)

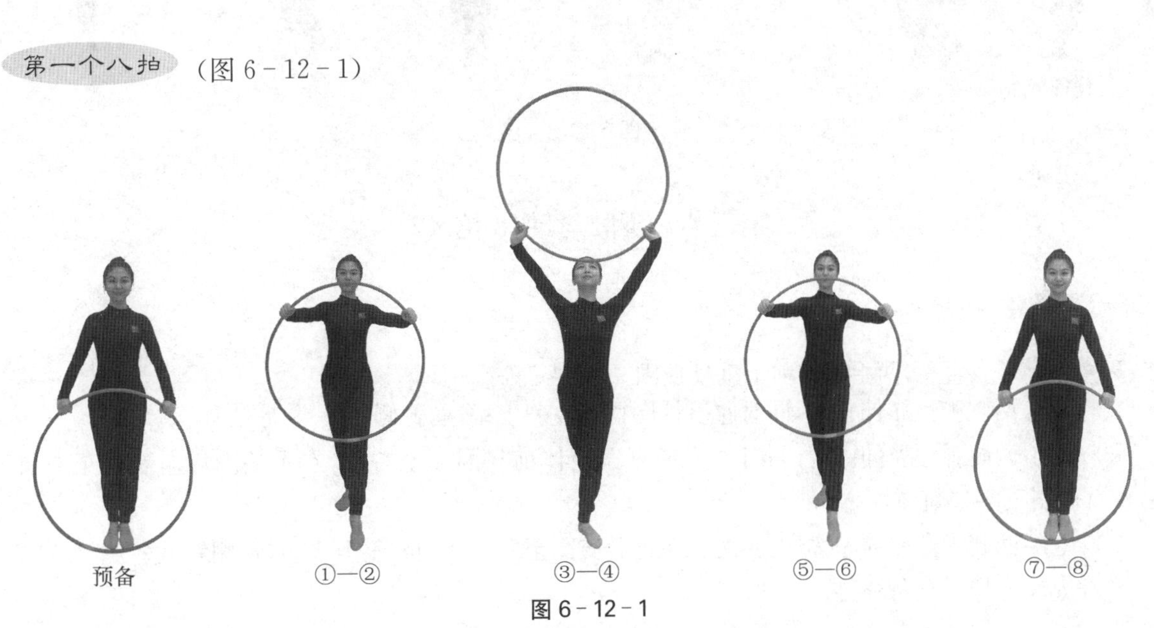

图6-12-1

预备姿势 直立，两手于体前下垂正握圈(两手握圈距离与肩同宽)。

①—②：左脚向前一步，脚尖点地，同时两手持圈前平举。

③—④：重心向前移至左腿，右脚尖点地，同时两手持圈上举。

⑤—⑥：同①—②。

⑦—⑧：还原成预备姿势。

第二个八拍

同第一个八拍，但出右脚做。

第二节　体转运动(8拍×2)

第一个八拍 (图6-12-2)

预备姿势 直立，两手于体前下垂正握圈。

①—②：两腿弹性屈伸一次，同时两手持圈(立圈)向左侧举。

③—④：同①—②，但方向相反。

⑤—⑥：右腿在左腿前交叉向左蹲转360°，两臂屈肘圈下落至肩上，圈与地面平行。

⑦：直立，两臂伸至上举。

⑧：还原成预备姿势。

第二个八拍

同第一个八拍，但方向相反。

图6-12-2

第三节　下肢运动(8拍×2)

第一个八拍 (图6-12-3)

预备姿势 直立，两手于体前下垂反握圈。

①—②：两腿弹性屈伸一次，同时左手持圈摆至左斜上举，右臂侧斜下举(掌心向下)。

③—④：两腿弹性屈伸一次，同时左手向下摆至体前将圈交至右手，右手接圈后向右摆至右斜上举，左臂侧斜下举(掌心向下)。

⑤—⑥：两腿弹性屈伸一次，同时两手在背后交圈至左手持圈左斜上举，右臂侧斜下举。

⑦—⑧：还原成预备姿势。

第二个八拍

同第一个八拍，但方向相反。

图6-12-3

第四节　摆跳运动(8拍×2)

第一个八拍　(图6-12-4)

预备姿势　直立，两手正握圈于体前下垂。

预备　①—②　③—④　⑤

⑥　⑦　⑧

图6-12-4

①—②：左脚后撤一步，重心移至左脚，右脚尖点地，同时左手持圈后摆，右臂前举（掌心向下）。

③—④：重心移至右脚，左脚尖点地，同时左手持圈向前上方摆，右臂后举（掌心向下）。

⑤—⑦：两手反握圈向前下方摆，同时两腿依次跳过圈二次。

⑧：并腿站立，两手反握圈臂上举。

第二个八拍

同第一个八拍，但方向相反。

第五节　绕圈运动(8拍×2)

第一个八拍　（图6-12-5）

预备姿势　接上节结束姿势。

①—②：左脚侧出一步，接着右脚并上，同时左手持圈向右旋转圈（在虎口部位旋转圈），右臂侧下举（掌心向下）。

③：双脚跳，左脚落地，右腿后举，同时左手持圈左斜上举，右臂侧下举（掌心向下）。

④：跳成还原，同时将圈交于右手。

⑤—⑧：同①—④，但方向相反。

第二个八拍

同第一个八拍。

预备　①—②　③　④

⑤—⑥　⑦　⑧

图6-12-5

第六节　平衡运动(8拍×2)

第一个八拍　(图6-12-6)

预备姿势　直立,两手反握圈于体前下垂。

①—②:左脚向左前出一步,重心移至左腿,同时左手接圈经下摆至左斜上举,右臂斜后举。

③—⑥:左脚站立俯平衡,同时左手持圈,圈远端触地,右臂侧举。

⑦:同①—②。

⑧:收左脚还原成预备姿势。

第二个八拍

同第一个八拍,但方向相反。

图6-12-6

第七节　华尔兹步运动(8拍×2)

第一个八拍　(图6-12-7)

预备姿势　直立,两手正握圈于体前下垂(握圈两端)。

①—②:向左做华尔兹步,同时两手握圈经水平上举,屈肘落至肩上。

③—④:同①—②,但方向相反。

⑤—⑥:左脚向左踏跳一次,右腿后举,同时两手握圈经上、右、下向左上方摆起呈左臂上举扶圈,右臂左前举托圈。

图6-12-7

⑦—⑧：同⑤—⑥，但方向相反。

第二个八拍

同第一个八拍。

第八节　波浪运动(8拍×2)

第一个八拍　(图6-12-8)

预备姿势　接上节结束动作。

①—②：向左侧波浪，两手握圈经下摆至左斜上举。

③：右腿屈膝向左前方摆，同时两手握圈向右斜下方摆。

④：还原成①—②的结束姿势。

⑤—⑧：同①—④，但方向相反。

第二个八拍

同第一个八拍，但最后一拍还原成自然站立，并将圈挂在右肩上，右手持圈。

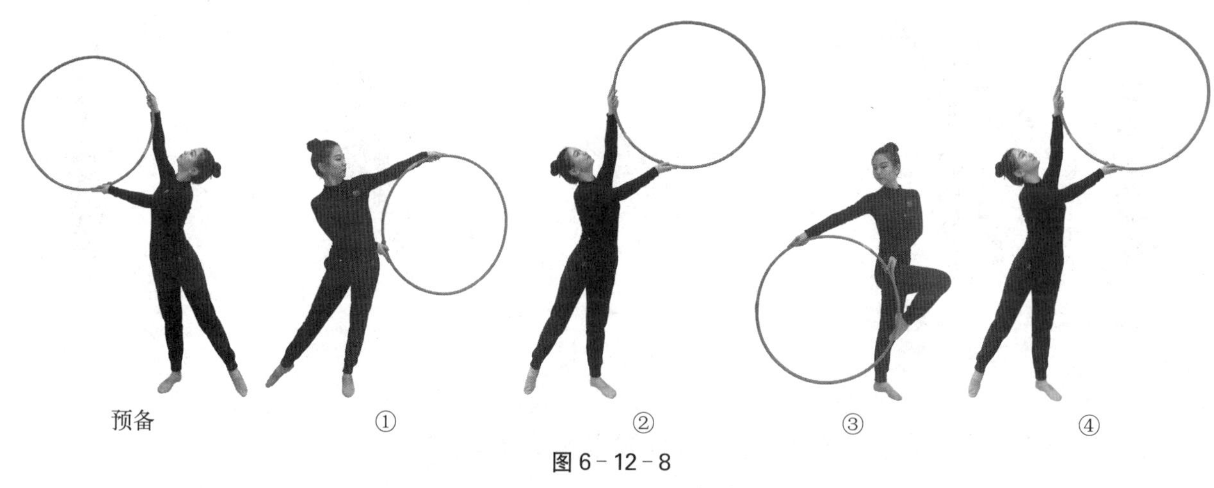

预备　①　②　③　④

图6-12-8

§6.13　纱　巾　操

第一节　侧挥摆(8拍×2)

第一个八拍　(图6-13-1)

预备　①—②　③—④　⑤—⑥　⑦—⑧

图6-13-1

预备姿势 起踵立，两手握纱巾宽边于头后。

①—②：左脚向左前方一步成弓步，同时两臂经前挥摆纱巾至左侧举。

③—④：重心移至右腿向右转体成右弓步，同时两臂经下挥摆纱巾至右侧举。

⑤—⑥：重心移至左腿，右腿在左腿前交叉，下蹲，同时右臂向左经头上向后摆至左臂斜上举，右臂斜下举，纱巾绕至体后。

⑦—⑧：直立，还原成预备姿势。

第二个八拍

同第一个八拍，但方向相反。

第二节 臂绕环侧跳(8拍×2)

第一个八拍 (图6-13-2)

预备姿势 起踵立，两手握纱巾宽边于头后。

①—②：左脚侧出一步，重心移至左腿，同时两臂经右向下挥摆纱巾至左侧举。

③—④：重心移至右腿，两臂经下挥摆纱巾至右侧举。

⑤—⑥：左脚向左侧一步，接着右脚并上，同时两臂直臂向左绕环一周。

⑦—⑧：双脚跳，左脚落地，右腿侧后举，同时两臂用力向左上方挥摆纱巾。

第二个八拍

同第一个八拍，但方向相反。

图6-13-2

第三节 绕五花(8拍×2)

第一个八拍 (图6-13-3)

预备姿势 接上节结束动作。

①—②：左腿向右腿并拢，两腿做弹性屈伸一次。同时两手持纱巾在体前右侧做向下向上的摆动。

③—④：同①—②，但方向相反。

⑤—⑥：两手持纱巾绕五花，同时两腿做弹性屈伸一次。

⑦—⑧：同⑤—⑥。

第二个八拍

同第一个八拍，但方向相反。

图 6-13-3

第四节　转体摆动(8 拍×2)

第一个八拍 (图 6-13-4)

预备姿势 直立，两手持纱巾臂上举。

①—②：左脚向侧一小步并弹性屈伸一次，右脚尖侧点地，同时两臂经前向左上方摆动。

③—④：同①—②，但方向相反。

⑤—⑥：右腿在左腿前交叉碎步转体 360°，两臂前平举做自然小摆动。

⑦：半蹲，两臂向下挥摆纱巾。

⑧：腿伸直，两臂向上挥摆纱巾。

第二个八拍

同第一个八拍，但方向相反。

图 6-13-4

第五节　臂绕环(8 拍×2)

第一个八拍 (图 6-13-5)

预备姿势 右手持纱巾站立。

①—②：左脚开始向前走两步呈左腿正吸，右腿提踵，同时右手开始两臂依次向后绕环至右臂向上

摆，左臂侧后举，抬头挺胸。

③—④：左脚开始向后退两步呈左脚在后点地，两腿屈膝半蹲，同时两臂依次向前绕环至右臂向前下方摆，左臂侧后举，含胸低头。

⑤—⑧：同①—④。

第二个八拍

同第一个八拍，但迈右脚做。

预备　①　②　③　④

图6-13-5

第六节　侧华尔兹步转(8拍×2)

第一个八拍　(图6-13-6)

预备姿势　右手持纱巾站立。

①—②：右脚向右做侧华尔兹步，同时两臂向右侧摆。

③—④：同①—②，但方向相反。

⑤—⑥：向右平转360°，同时两臂侧平举。

⑦—⑧：右脚向右侧跨一步站立，左脚尖内侧点地，右臂摆至上举，左臂前平举。

第二个八拍

同第一个八拍，但方向相反。

预备　①—②　③—④　⑤—⑥　⑦—⑧

图6-13-6

第七节　头上绕环(8拍×2)

第一个八拍　(图6-13-7)

预备姿势　直立，两手持纱巾于体前下垂。

①—②：左脚向左做侧华尔兹步，同时两手持纱巾向左侧上、下挥摆纱巾一次。

③—④：同①—②，但方向相反。

⑤—⑥：左脚向侧一步，右脚在左脚前交叉同时转体 360°，两手持纱巾头上绕环一次（右臂在上）。

⑦—⑧：同①—②。

第二个八拍

同第一个八拍，但方向相反。

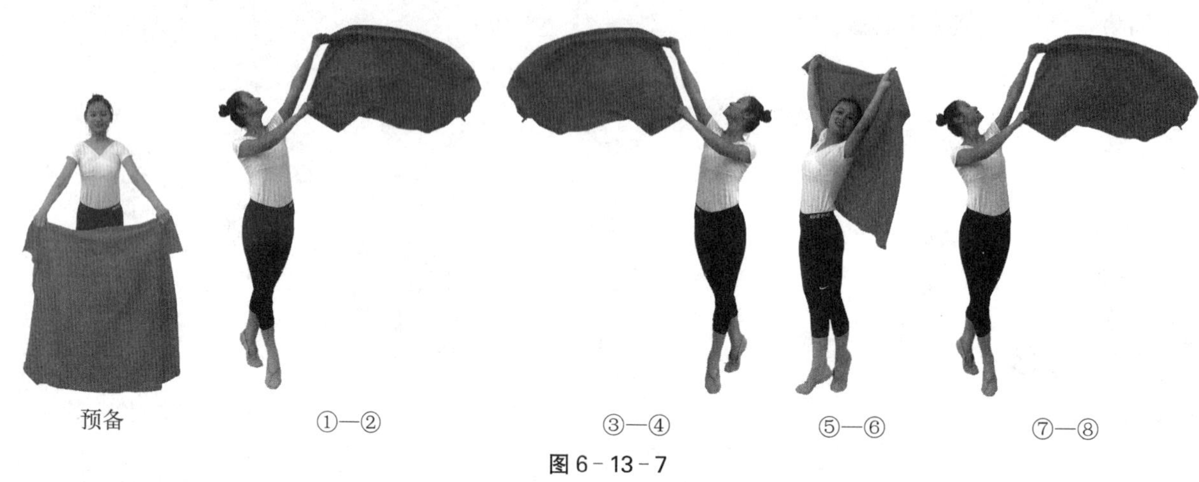

图 6-13-7

第八节　踏点跳跃(8 拍×2)

第一个八拍　（图 6-13-6）

预备姿势　直立，双手持纱巾于体前下垂。

图 6-13-8

①—②：双脚跳，左脚落地，右脚后举（绷脚尖），同时两臂由下向上挥摆纱巾。

③—④：同①—②，但方向相反。

⑤—⑥：向左侧波浪一次，成左脚站立，右脚侧点地，两手持纱巾向左侧上方挥摆。

⑦—⑧：右腿屈膝前举，同时两手持纱巾向右斜下方摆；接着右脚侧点地，两臂向左斜上方摆。

第二个八拍

同第一个八拍，但方向相反。

§6.14　球　　操

第一节　伸展运动(8拍×2)

第一个八拍　（图6－14－1）

预备姿势　直立，双手持球于体前下垂。

①：手持球臂前平举。

②：提踵立，同时两臂上举。

③：落踵，同时两臂侧举，左手托球，眼睛看球。

④：还原成预备姿势。

⑤—⑧：同①—④，但方向相反。

第二个八拍

同第一个八拍。

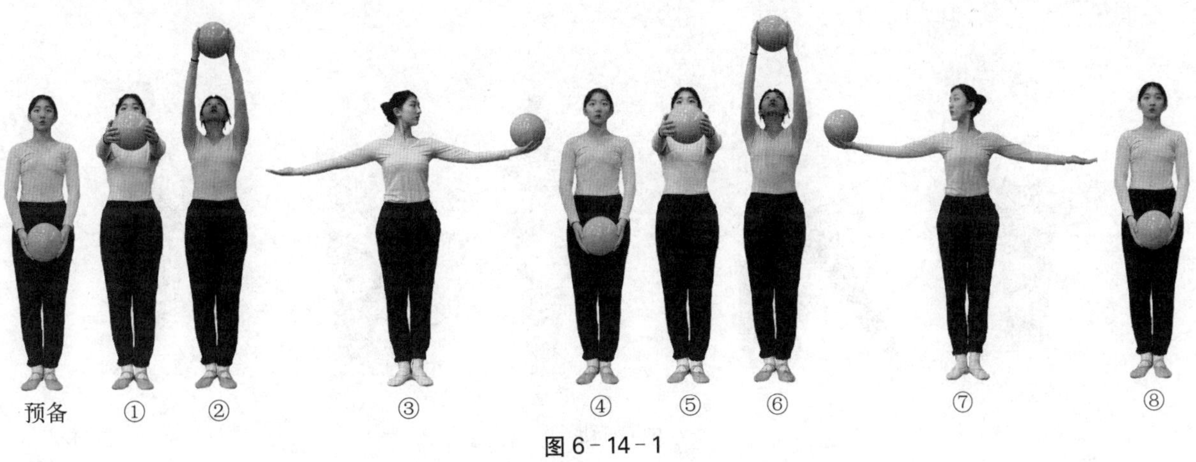

图6－14－1

第二节　仿传球运动(8拍×2)

第一个八拍　（图6－14－2）

预备姿势　直立，双手持球于体前下垂。

①—②：左脚向左前方迈出一步成前弓步，同时两臂向前伸直并翻腕，仿传球动作。

③—④：左脚蹬地收回于右腿后交叉，两腿稍弯曲，同时两臂屈肘，两手持球于右侧下方，仿接球后护球动作。

⑤—⑥：同①—②。

⑦—⑧：还原成预备姿势。

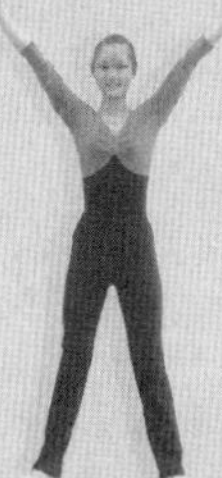

第二个八拍

同第一个八拍，但方向相反。

预备　①—②　③—④　⑤—⑥　⑦—⑧

图 6 - 14 - 2

第三节　仿拍球运动(8 拍×2)

第一个八拍　(图 6 - 14 - 3)

预备姿势　右手持球于体侧站立。

①—④：左脚侧出一步成弓步，左臂侧平举(掌心向下)，右手体前拍球四次。

⑤—⑥：左脚与右脚并拢并屈膝弹动，同时双手体前拍球两次。

⑦：同⑤—⑥，但连拍两次。

⑧：还原成预备姿势。

第二个八拍

同第一个八拍，但方向相反。

预备　①—④　⑤—⑥　⑦　⑧

图 6 - 14 - 3

第四节　踢腿运动(8 拍×2)

第一个八拍　(图 6 - 14 - 4)

预备姿势　直立，双手持球于体前下垂。

①：脚前出一步，重心移至左腿，右脚尖点地，同时两手持球臂上举。

②：右腿向前上方踢(绷脚尖)，同时右手于右腿下拍球一次，右腿向外绕过球。

③：右腿后摆还原成①，同时两手接球臂前举。

④：还原成预备姿势。

⑤—⑧：同①—④，但出右脚做。

第二个八拍

同第一个八拍。

图 6-14-4

第五节 "8"字绕环拍球运动(8 拍×2)

第一个八拍 (图 6-14-5)

预备姿势 直立,双手持球于体前下垂。

①—④:右脚向右斜前方上一步成弓步,同时右手托球做"8"字绕环。

⑤:右脚收回与左脚靠拢,同时两腿屈膝弹动一次,右手体前拍球一次,左臂后斜上举(掌心向下)。

⑥:两腿屈膝弹动一次,同时换成左手体前拍球一次,右臂后斜上举。

⑦:同⑤,但右手体前拍球两次。

⑧:还原成预备姿势。

第二个八拍

同第一个八拍,但方向相反。

图 6-14-5

第六节 绕环抛接球运动(8 拍×2)

第一个八拍 (图 6-14-6)

预备姿势 直立,两手持球于体前下垂。

①—②:左脚向左一步,接着右脚并于左脚,同时两手持球直臂经左、上、右、下环绕一周。

③—④:双脚踏跳一次,左脚落地,右腿侧后举,同时两手持球向左前上方抛、接球一次。

⑤—⑧:同①—④,但在接球同时顺势向相反方向做。最后一拍还原成预备姿势。

第二个八拍

同第一个八拍。

图 6-14-6

第七节　平衡运动(8 拍×2)

第一个八拍　(图 6-14-7)

预备姿势　直立，两手持球于体前下垂。

①：起踵立，两手持球臂上举。

②：上体前屈，双手持球臂前举。

③—④：身体做一次前波浪，同时屈臂持球经内向上绕至前上举。

⑤—⑦：右脚向右前方一步，成右脚支撑的俯平衡，同时两臂侧举，右手托球。

⑧：还原成预备姿势。

第二个八拍

同第一个八拍，但方向相反。

图 6-14-7

第八节　华尔兹步运动(8 拍×2)

第一个八拍　(图 6-14-8)

预备姿势　右手持球于体侧站立。

①—②：向左侧做华尔兹步，同时右手向左侧上方抛球，左手接球。

③—④：同①—②，但方向相反。

⑤—⑥：向左做侧波浪，重心移至左腿，向左转体 90°，右脚尖后点地，同时右手持球由下向左摆至左斜上举，左臂侧举。

⑦：向右转体 90°，重心移至右腿。左脚尖侧点地，同时换左手托球，两臂侧举。

⑧：还原成预备姿势。

第二个八拍

同第一个八拍，但方向相反。

图 6-14-8

幼儿基本体操评分规则

评分规则

幼儿基本体操表演比赛各种表格示例

附表

21 套健美操示范视频

动物模仿操

垫子操

鼓槌操

棍棒操

花环操

啦啦操

篮球操

铃鼓操

球操

圈操

沙锤操

纱巾操

扇子操

藤圈操

徒手姿态操

武术操

哑铃操

艺术性体操

幼儿健美操

站姿操

活力健美操

参考文献

参考图书：

［1］许卓娅.学前儿童体育.南京：南京师范大学出版社，2003.
［2］欧新明.学前儿童健康教育.北京：教育科学出版社，2003.
［3］汪荃.幼儿园游戏课程模式.北京：中国妇女出版社，2003.
［4］刘焱.幼儿园游戏教学论.北京：中国社会出版社，1999.
［5］朱家雄.幼儿园环境与幼儿行为和发展研究.北京：世界图书出版社，1995.
［6］刘馨.学前儿童体育.北京：北京师范大学出版社，1997.
［7］姚明焰.幼儿健康教育活动设计与指导.北京：中国劳动社会保障出版社，2006.
［8］刘英.中国3～6岁儿童健身方法100例.长春：北方妇女儿童出版社，2003.
［9］张莹.全国健美操大众锻炼标准第三套动作图解.北京：北京精彩视觉文化传播有限公司，2009.

参考期刊：

［1］邓秀菊.幼儿体育与素质教育[J].聊城大学学报.2003，3.
［2］黄雪红.讲解、示范与幼儿体育活动[J].宁夏教育.1998，3.
［3］向海英.论幼儿体育课运动负荷与心理负荷的调节策略[J].1997，2.
［4］吕晓昌.中、美幼儿体育教学比较研究[J].天津体育学院学报.2004，4.
［5］王欣.日本幼儿园的户外活动[J].早期教育.2003，12.
［6］崔江红.幼儿教师应具备的素质[J].幼儿教育.1993，3.
［7］上海黄浦区新建幼儿园课题组.幼儿体育活动负荷与密度适宜性研究[J].上海教育科研.2001，9.
［8］童森森，唐迅，任伟.幼儿体育课程合理化设置分析[J].成都大学学报.2007，5.

引用组合：

徐进进.圈操.河南省幼儿基本体操培训班.2006.

参考论文：

［1］张秋艳.我国表演性幼儿基本体操现状研究[D].北京：北京体育大学，2003.
［2］张娅.幼儿基本体操锻炼对河北省学龄前儿童智力影响的实验研究[D].石家庄：河北师范大学，2004.
［3］唐讯.幼儿体育课程设置的探讨[D].成都：四川大学，2004.

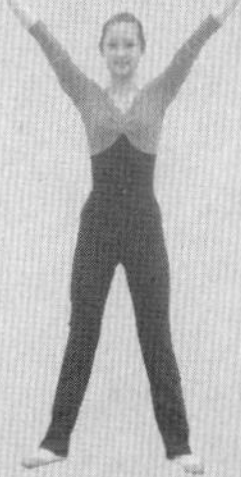

图书在版编目(CIP)数据

幼儿基本体操教程/杨延秋主编. —3版. —上海：复旦大学出版社，2021.7(2024.8重印)
普通高等学校学前教育专业系列教材
ISBN 978-7-309-15736-9

Ⅰ.①幼… Ⅱ.①杨… Ⅲ.①学前儿童-体操-高等学校-教材 Ⅳ.①G613.7

中国版本图书馆CIP数据核字(2021)第111807号

幼儿基本体操教程(第三版)
杨延秋 主编
责任编辑/黄 乐

复旦大学出版社有限公司出版发行
上海市国权路579号 邮编：200433
网址：fupnet@fudanpress.com http://www.fudanpress.com
门市零售：86-21-65102580 团体订购：86-21-65104505
出版部电话：86-21-65642845
浙江临安曙光印务有限公司

开本890毫米×1240毫米 1/16 印张14 字数434千字
2024年8月第3版第5次印刷

ISBN 978-7-309-15736-9/G·2258
定价：48.00元